これだけは知っておきたい

マンションの劣化・修繕の知識

印藤文夫 著

鹿島出版会

口絵写真　体質改善工事が実施された101戸のマンション（築後11年目）

ごあいさつ

　区分所有による共同住宅が，マンションという呼称で市民権を得るようになってから，すでに30年になろうとしており，今やマンションぬきでは住宅問題を語ることができない世の中となりました。

　一方で，マンション建築を長期に保全できるような修繕工事が行われないまま，長い年月をすごしているマンションも増えています。

　コンクリートは，鉄筋コンクリートといえども（鉄骨鉄筋コンクリートを含む），自然石とは違って，大気汚染物質や雨水には意外に弱い材料であることが周知されるようになってきましたが，これをしっかり保全し，資産として長期にその価値を守る方法については，余りよくわかりませんでした。

　このたび，私達の連合会技術顧問である印藤文夫先生が，昭和61年より14年間にわたる豊富な経験を通して蓄積された，マンション建築を60年以上の価値のあるものにする，大規模修繕の方法について，㈱鹿島出版会から図書を発行されることになりました。

　先生は，大規模修繕工事について，建物の建設当時に起因する建物長期保全上支障ある部分の根元に遡る改修をはじめとする，いわゆる**体質改善工事**を第1回目とし，その後は10年ごとに行う，塗料や防水剤の劣化を補う工事を定期修繕工事として明確に別ける考

え方を示されています。

　すでにこのような考え方のもとに，第2回目の修繕工事を終えたマンションもあり，初回の体質改善工事の結果が，当初において期待していたとおりの良好な状態で保持されていたことが確認されつつあります。

　わが国の迫りつつある老齢化の進行に対して，安心して老後をすごすことができるようなマンションコミュニティを育てあげるためには，まずはマンション建築が長期に且つ，計画的に保全出来ることが基本であります。

　全国のマンション建築保全にかかわる，管理組合役員ならびに管理者，また，マンション建設を担当される開発業者，設計者，建築技術者の方々に，是非一読をお薦めいたします。

2000年1月

(社)北海道マンション管理組合連合会　会長

下河原寿男

まえがき

　1985年以降，北海道において180余棟のマンション建物診断と39棟の大規模修繕工事の設計監理を経験して，よほどしっかりした修繕を行わないかぎり，マンション建築は35～40年で放棄せざるをえないのが実感です。

　ここでいう，しっかりした修繕とは，劣化の根元まで遡って，劣化の本質を見極めた本当の意味での修繕についてのことです。

　例えば，鉄筋コンクリート造（鉄骨鉄筋コンクリート造を含め）の建物は，設計と施工において間違いがなく，雨水や結露水が躯体コンクリート中へ浸入しなければ，60年以上はもちます。

　しかしながら，コンクリートには材料の物理的な性質上，空気や水分が浸入し得るひび割れが多くあり，また，不用意な設計や施工によってさらに浸水などを増長させることが多いのが実状であります。

　躯体コンクリートのひび割れなどから，雨水や結露水が浸入する状態を続けるならば，二酸化炭素の影響もあって，一段とコンクリートが中性化し，鉄筋腐食を発生させ，また，寒冷地においては，凍結・融解の繰り返しによってひび割れ幅と量を拡大し，一層水分や空気の浸入を増大させ，結果としてコンクリート建物の強度の低下が進行するのです。これらのことが建物の耐久性を著しく損なう最大の原因となるのです。

　北海道札幌市において，公的デベロッパーの企画・設計により

1958年に建設された，地上9階建の当時の代表的大型マンションが，3年前に取り壊されました。築後38年目でした。その理由としては，「躯体コンクリートの強度にむらがあり，すでに耐力的に不安な状態である」と公表されています。このような例は，実際にほかにも多く発生しているのです。

詰まるところ，ディーラーサイドのご都合で造られたマンションを，60年もたせるには，それ相応の補修等の努力が絶対不可欠なのです。単なる化粧直し程度の工事では，豊かな居住空間であるはずのマンション生活が，築後35～40年にして放棄せざるをえない状態を迎えなければならないのです。

本書は，こうした状況を危惧することから，今後のマンション住戸の施工品質および修繕計画に役立つ内容として捉え，実際の劣化事象の基礎知識および修繕事例を紹介し，長持ちさせる住まいの修繕法の真髄に迫ろうとする思いからの一冊なのです。

2000年1月

(社)北海道マンション管理組合連合会 技術顧問

印藤文夫

目　次

ごあいさつ　　i
まえがき　　iii
はじめに　　ix

1．マンション建築劣化の実状 ……………………………………1

1　外壁等の竪型ひび割れ　　2
2　外壁等の横ひび割れ　　5
3　鉄筋腐食――躯体コンクリートの鉄筋腐食　　10
4　コンクリート脆弱部　　13
5　コンクリートの水平打継部不良　　14
6　アルミサッシ周囲の漏水　　22
7　換気フード下の漏水　　29
8　バルコニー床の漏水　　36
9　バルコニー避難ハッチの腐食と漏水　　40
10　バルコニー手摺壁の劣化　　42
11　排水通気末端金物　　49
12　外壁塗装下地のモルタルしごきの意味について　　51
13　外壁タイル張り　　53
14　マンション建築に使用されている屋上防水について　　61

2. 体質改善工事 ……………………………………………… 65

    1 外壁等の竪型ひび割れ　*66*

    2 外壁等の横ひび割れ　*68*

    3 鉄筋腐食——軀体コンクリートの鉄筋腐食　*69*

    4 コンクリート脆弱部　*70*

    5 コンクリートの水平打継部　*71*

    6 アルミサッシ周囲の漏水　*73*

    7 換気フード下の漏水　*76*

    8 バルコニー床の漏水補修　*82*

    9 バルコニー避難ハッチ周囲の補修　*84*

    10 バルコニー手摺壁の劣化　*85*

    11 排水通気末端金物　*88*

    12 外壁塗装仕上下地のモルタルしごき　*89*

    13 外壁タイル張りの補修　*91*

    14 外壁塗装　*95*

    15 屋上アスファルト防水のやり替えまたは補修　*99*

    16 その他　*104*

    17 体質改善工事費について　*109*

3. 定期修繕工事 ……………………………………………… 111

    1 定期修繕工事の内容と修繕周期　*113*

      (1) 屋根，外壁，バルコニー

      (2) 内部床

      (3) 内部壁・天井

2 屋根，外壁，バルコニー定期修繕工事の意味　*115*
3 屋根，外壁，バルコニー定期修繕内容の解説　*116*
4 屋上防水仕様　*122*
  (1) 熱工法
  (2) 常温工法
5 建築設備の保全，他　*123*
  (1) 電気設備
  (2) 給排水，給湯，給油，ガス設備
  (3) エレベーター
  (4) 各住戸玄関扉の耐震改造
6 定期修繕工事必要額　*130*

あとがき　*133*

はじめに

　鉄筋コンクリート造建物の劣化原因の第1は，雨水（雪）と結露水であり，第2に紫外線と大気中に包有する有害物質であります。

　二酸化炭素をはじめとして，あらゆる大気汚染物質を含む雨水や湿気がコンクリート内へ浸入することによって，コンクリートが中性化し，鉄筋腐食やコンクリートの凍害をもたらすのです。

　さらに，建物に使用されるコンクリートには，材料の性質上ひび割れが発生して拡大する原因が数多くあります。なかでも使用水の蒸発によって発生するコンクリートの収縮ひび割れや，夏冬の温度差，昼夜の温度差によって発生するひび割れを免れることはできません。

　また，施工の結果として，躯体コンクリートには，コールドジョイント[※]，コンクリート打継部の清掃不良，コンクリート充填不良等々，雨水浸入の原因は数多くあるのが実状です。

　鉄筋腐食や，コンクリートの凍害が発生しなければ，建物は物理的には，一般に考えられている以上に耐久性があると考えられます。しかし，実状としては，雨水（結露水）浸入の量と頻度を制しないかぎり，築後35～40年で建物の価値は失われる可能性が高いのです。

(注)　※コールドジョイント＝凝結がある程度進行しているコンクリートに新しいコンクリートを打ち継ぐと，コンクリートの一体化が阻害され，コールドジョイントとよばれる施工不良が生じる。

マンションの修繕が手遅れになり，35〜40年で住むことがむずかしい事態になって，建替え以外に方法がない場合も起こりうるのです。建替えが成り立つための条件は，法律上は，権利者の5分の4以上の同意が必要ですが，理想的には，権利者全員が同意することが望ましいのです。郊外型で敷地に余裕のあるマンションならば，その可能性は高いのですが，都市型のマンションでは，建設された時期によっては容積減となる場合もあり，区分所有者の諸々の事情もあって，極めてむずかしいことになります。

しかも，新築時40歳で購入した人も，建替え時には75〜80歳となり，新しいマンションを購入したり，借りたりする能力はすでに失われているはずです。

この事実を考えるとき，マンション居住が35〜40年の経過の後，建替え以外に方法がないとすれば，すでにマンション購入時より，人生最悪の不幸が始まっていたと考える以外にほかならないのではないでしょうか。

修繕の必要性が認識され，その結果として，マンション建築を50〜60年もたせ，建替えという困難な問題は，次の世代にまかせるべきと考えることが現実的でしょう。給排水，暖房，電気，エレベーターなどの建築設備の老朽化も避けられませんが，建物躯体さえしっかりしていれば，これら付帯設備は取替え・補修が可能なのです。

一方で，マンション自体も，築後30年を経れば，生活の様態もそれ相応に変わります。したがって内装や建築設備を更新することが必要になります。また，窓サッシなども，より性能のよいものに取り替えたくなりましょう。

はじめに xi

写真 - 1 築後35年目の建物，数年前からコンクリート片の落下現象が発生（軀体コンクリートに水みちが見られる）

写真 - 2 築後33年目の外壁コンクリート劣化状況（外壁全体にコンクリート片落下跡が見られる）

表-1 建物外壁等の劣化の原因と結果

	現象	原因	結果
1	竪，斜めひび割れ	コンクリートの乾燥収縮によるものが多い	ひび割れ幅0.2mm以上のものは漏水する →コンクリート凍害 →コンクリート中性化
2	横ひび割れ {コールドジョイント 打継不良	粗雑なコンクリート打の結果	必ず漏水 →コンクリート凍害 →コンクリート中性化
3	鉄筋腐食	①コンクリートの中性化進行 ②ひび割れからの雨水浸入	鉄筋腐食による膨張圧によってコンクリートの剥落状況あり →構造上危険な場合がある
4	コンクリート脆弱部	①コンクリート打ち技術の未熟 ②型枠材の影響	強度不足 →ひび割れ・鉄筋腐食 →仕上材接着不良
5	水平打継部の不良	粗雑なコンクリート打	漏水→鉄筋腐食
6	アルミサッシ周囲の漏水	①サッシモルタル詰め不良 ②サッシ水切板の出寸法不足 ③サッシ水切板下のモルタル詰め不良 ④サッシ水切板両端の始末不良	漏水→サッシ枠下のコンクリート凍害
7	換気フード下の漏水	①換気フード材質不適合 ②換気フード設計技術未熟 ③換気フード取付方法不良	目詰まり 換気フード腐食 雨水浸入→漏水 内部結露・浸水 →コンクリート凍害
8	バルコニー床の漏水	①防水施工欠除 ②防水施工の不良または劣化 ③防水範囲の不適 ④手摺取付方法の不適	漏水→コンクリート凍害・鉄筋腐食
9	バルコニー避難ハッチ腐食	①避難ハッチ周囲モルタル詰め不良 ②避難ハッチ枠に対する防水施工不良 ③床面仕上高さ不良	8年未満で孔食するものあり， →取替費（13万円/カ所） →床版鉄筋腐食
10	バルコニー手摺壁の劣化	①金属製手摺アンカー部からの漏水 ②コンクリート手摺壁の防水対策欠除 ③金属製笠木周囲からの浸水	→コンクリート凍害 →鉄筋腐食

このようなマンションのリフォームは，一般的に特別むずかしいことではありません。しかし，建物躯体を取り替えることは不可能なのです。

人が住むことができないほど老朽化したマンションとは，鉄筋腐食や，コンクリートの凍害の進行によって，鉄筋コンクリート造としての強度低下や，コンクリート片の落下などが発生し，地震時の耐力に不安があり，建物内外に危険をおよぼすおそれがある，などの状態になることをいうのです（写真‑1・2）。

表‑1に示す，1〜10までの建物外部躯体の欠陥は，すでに調査を終えた180余棟のマンションすべてに見られる現象で，建物によって程度の差はありますが，例外がないのが実状です。この表から，躯体コンクリート劣化の原因がいかに多いものであるかを知ることができます。

1. マンション建築劣化の実状

1 外壁等の竪型ひび割れ

　鉄筋コンクリート躯体のひび割れには，数多くの原因がありますが，例外なく発生するのが，乾燥収縮によるひび割れと，温度変化によるひずみひび割れです。

　乾燥収縮ひび割れについていえば，壁において，そのひずみ量は，$4 \sim 6 \times 10^{-4}$ 程度といわれており，コンクリートに使用した単位水量が増えれば，ひび割れ量も増加することになります。

　マンション建築では，1986年以前に建設されたものについては，コンクリートの単位水量が 190 kg/m³ 以上と思われるものが多く，したがって収縮ひび割れ量も多いのです。

　1986年9月に，鉄筋コンクリート工事標準仕様書（日本建築学会）が改訂され，コンクリートの単位水量を 185 kg/m³ 以下とすることになったので，その後のものについては，あまり極端なものは見られなくなりました。

　また，外壁の配筋がシングルの場合には，不特定の位置に大きな幅のひび割れが発生する傾向があります。

　実際の建物において，外壁のひび割れがどの程度のときに，どの程度の量の漏水が発生するかを特定することは困難と思われますが，ひび割れ幅が 0.2 mm を超えると漏水量が増大するといわれています。したがって，外壁についていえば，ひび割れ幅を 0.2 mm 以下に分散することが建築技術の目標なのです。しかし，築後10年を経過したマンション建築の実状は，雨水が浸入するような 0.2 mm を超える幅のひび割れが非常に多いのです。その実績を4頁以下に示します。

このように，コンクリートの竪型ひび割れは，柱，梁を含めた外壁全体に拡散して存在しているのですが，その量は意外に多く，それらのひび割れに雨水や結露水が浸入し，冬季の低温時には凍結融解を繰り返してさらにひび割れを拡散するのです。

写真-3は，築後13年目の鉄骨鉄筋コンクリート造10階建の1階外壁（壁厚18 cm　9φ　竪・横20 cm　ダブル配筋）に発生したコンクリート収縮ひび割れ（平均幅0.8 mm）の部分を，深さ最大3.5 cmまで斫り，コンクリートの中性化状況※を調査したものですが，中性化の範囲が広範に及んでいたので，注意深く見ると，0.8 mm幅のひび割れから派生した幅0.15 mm内外のひび割れが数本発見され，そのひび割れに沿ってコンクリートの中性化が拡大している状況を見ることができます。

これによって理解できることは，大きな竪型ひび割れには，河川のように，それから派生する小ひび割れが多く発生し，二酸化炭素の影響を広範に拡散し，コンクリートの中性化を促進させるのです。

このひび割れも初期には，ひび割れ幅0.3〜0.4 mmのものであったと思われますが，13年間，降雨時の雨水が浸入した結果，凍結融解現象の影響もあって，ひび割れ幅を拡大し，周辺の，より小さなひび割れを統合して広がったものと思われます。

(注)　※コンクリートの中性化＝コンクリートが空気中の二酸化炭素の影響によって中性化する現象をいう。初期コンクリートのPHは12.5といわれているが，アルカリ性が低下し，中性化に向かう。
その程度と水分の影響によって，コンクリートの中の鉄筋に錆が発生する。

1. マンション建築劣化の実状

写真 - 3　外壁コンクリート収縮ひび割れ部の中性化状況（築後13年目）

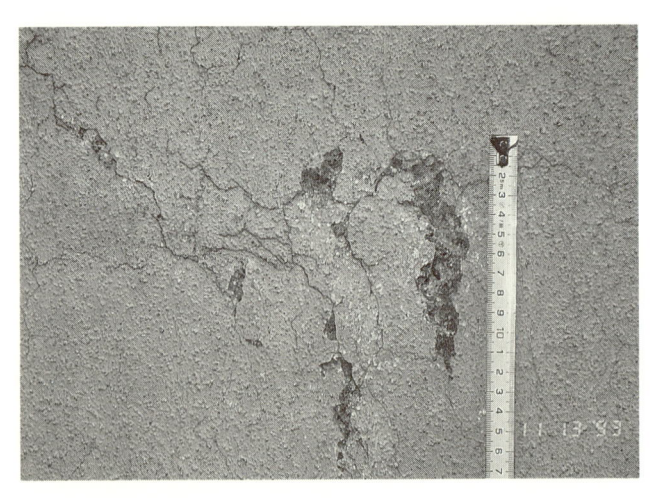

写真 - 4　外壁のコンクリート収縮ひび割れに雨水の水みちができ，コンクリート凍害によってコンクリート片が浮き上がっている部分がある（築後21年目）

写真‐4は，修繕を行わぬまま，築後21年を経過した鉄筋コンクリート造6階建マンション1階外壁（コンクリート打放し，アクリル系リシン仕上げ）に発生した収縮ひび割れの状況ですが，平均幅0.8 mmのひび割れ周辺に発生した，小ひび割れに囲まれた外壁コンクリートの部分が浮き上がり，剥落の時期が近いことを思わせます。

　このように，外壁等のコンクリート収縮ひび割れには，雨水浸入の可能性のあるものが非常に多く，温度差によるコンクリート躯体の伸縮と相俟って，築後8年頃より建物の劣化を促進する大きな原因となっています。

2 外壁等の横ひび割れ

　外壁等，躯体コンクリートの横ひび割れには，下記の2種類があります。
① コンクリートの水平打継部の接着不良によるもの（写真‐5）。
② コンクリートのコールドジョイントによるもの（写真‐6）。
　これらのものは，ひび割れ幅が0.3 mm以下であっても，比較的多量の雨水を浸入させ，廊下の床に浸水した雨水が低温時凍結し，歩行が危険な場合さえあるのです。

　一般に，横型ひび割れは，ひび割れに雨水が滞留し，その量しだいで室内へも浸入し，いわゆる雨漏れとなって被害を及ぼす例が多いのです。

6　1．マンション建築劣化の実状

写真-5　外壁（柱）水平打継部の横ひび割れ（横ひび割れに苔が生えている）

写真-6　躯体コンクリートのコールドジョイント

写真-7 外壁からの雨水浸入により内壁に「黴」が発生

写真-8 外壁の水平打継部より雨水が浸入し,水みちをつくって室内側へ漏水し,内装モルタルに凍害が発生

浸入した雨水（融雪水）は，冬期には凍結し，気温上昇とともに融解して室内側へ浸入し，床版コンクリートを濡らし，さらに下階のコンクリート壁内側を流下します。室内側は普通，プラスタボードが張られているから，ボード表面には表れにくいのですが，床面に近い部分の壁仕上面に黴が生えることが多いのです（写真-7）。浸水量によっては，外壁に近い天井の照明器具のコンクリート用ボックスから漏水することもあります。

また，コンクリート軀体内に水みちを作って下方へ流下し，室内側の仕上げまでも凍害劣化させる例もあります（写真-8）。

前記②のコールドジョイントによる横ひび割れの補修は，樹脂注入により比較的簡単に補修可能ですが，①の水平打継部の接着不良による横ひび割れの補修は，容易なことではありません。上階コンクリート打設前の水平打継部には，鋸屑，木片，断熱材片等が落下したまま，除去されることなくコンクリートが投入されることが多くあり，ときとして，軍手，ジュース缶等が混入していることもあり，これらの夾雑物によって，コンクリート水平打継部面の接着が著しく阻害され，大きな幅の横ひび割れとなっていることが多いからです。

このことについては，5で敷衍して報告します。

図-1・2（折込参照）に，1991年に修繕工事を完了した鉄筋コンクリート造8階建，延 7,220.08 m²，79戸のマンションの竪・横ひび割れの実状を記載しました（竪ひび割れは，幅 0.3 mm 以上のもの）。ひび割れの多さに驚く読者もあることと思いますが，このマンションのひび割れ量は，マンション建築の平均以下であることに注目していただきたい。

2 外壁等の横ひび割れ

写真 - 9 外壁ひび割れの状況（築後 7 年目）

写真 - 9 は，修繕工事を完了した鉄骨鉄筋コンクリート造 11 階建のマンションの外壁ひび割れの状態を写したものですが（修繕工事前），このマンションでは，外壁の竪・横のひび割れと，換気口フード周囲からの漏水が極めて多く発生し，一雨 200 カ所漏るといわれていたものです。修繕工事完了後は，漏水は発生しておりません。

この例のように，窓サッシを連窓とする場合は，窓上下の壁厚を大きめにし，鉄筋をダブル配筋にしなければ，雨水が浸入するほどのひび割れが多く発生することになります。

③ 鉄筋腐食——躯体コンクリートの鉄筋腐食

　コンクリートの塩化物による影響を除けば，比較的早い時期での鉄筋腐食の原因は，下記のものが大部分です。
　① 鉄筋に対する被り厚の不足——鉄筋周辺のコンクリートの中性化が早い。
　② 粗雑なコンクリート打設と雨水浸入——水平打継部，コールドジョイント，充填不良
　③ 竪・横ひび割れからの雨水浸入

　①の鉄筋に対する被り厚不足による鉄筋腐食は，建物の出隅部と，外壁化粧目地部に多い。出隅部は，鉄筋組立や，型枠組立のひずみが集中する部分であり，コンクリートの被り厚が 10 mm 以下となっている場合があり，また，外壁化粧目地部では，目地深さにもよりますが，コンクリートの被り厚が 5 mm 以下となっている場合もあり，築後 10 年程度でも，鉄筋が重度に腐食し，部分的に断面欠損が 50％を超えている例もあります。

　柱や梁において，このような状態が発生した場合は，鉄筋の錆処理を行ったうえで，被り厚を確保するために，モルタルを付加して被り厚を取る以外に方法がなく，したがって外壁の一部に段差がつくことになります（写真-10・11）。

　また，鉄筋腐食の断面欠損程度によって，補強筋の挿入が必要となる場合もあります。

　鉄筋腐食の修繕において，非常に困難が伴い，費用もかさむのは，バルコニー下端筋の被り厚不足による鉄筋腐食です。竪・横の鉄筋が交差しているので，鉄筋の周囲の斫（はつ）りが広範になり，且つ上

③ 鉄筋腐食──軀体コンクリートの鉄筋腐食

写真 - 10　柱頭部の鉄筋腐食（築後14年目）

写真 - 11　柱筋の腐食（築後14年目）

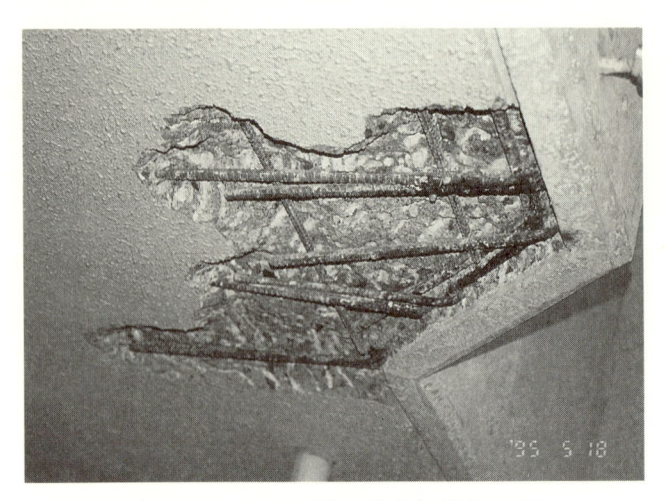

写真-12 バルコニー下端の鉄筋腐食（築後11年目）

向き作業では，斫りすぎない配慮が必要です。被り厚確保のためには，鉄筋を叩き込むよりほかに方法がない部分なのです（写真-12）。

②のコンクリート打設の粗雑な部分への雨水浸入も，水平打継部に多く見られる現象です。

豆板状コンクリート，木片や断熱材片，その他の異物混入部分は，例外なく浸水し，早くから鉄筋を腐食させます。混入している異物を除去し，豆板状コンクリートは斫り取って十分清掃し，鉄筋の錆落としを入念に行ったうえで，コンクリートに隙間が残らない材料と方法で埋戻しをしないかぎり，これらの鉄筋腐食は再発する可能性があるのです。

鉄筋の錆落とし後，錆鉄筋修復用に造られたセメントペーストを

塗り，型枠を取り付けて無収縮モルタルを注入する工法が必要です（無収縮モルタルが室内側へ漏らない工夫を要す）。この種の欠陥は，水平打継部全長にわたって広範に散在する傾向があるので注意が必要です。

③の竪型ひび割れから浸入した雨水が継続して流下し，ひび割れ内に保水できない量に達したとき，外壁の内外へ流出することになりますが，壁内に保水されたものは，コンクリート凍害の原因となるのはもちろん，鉄筋腐食の原因ともなります。

竪型ひび割れが，横ひび割れまで到達している場合には，横型ひび割れに対して，保水の機会と量が多くなり，したがってコンクリート凍害や，鉄筋腐食の被害が大きくなる傾向があるのです。

4 コンクリート脆弱部

コンクリート打設時，骨材を分離させるような施工を行ったり，突き固めが不十分であった場合には，躯体コンクリートには密度の小さい部分が意外に多く散在することは，あまり知られていない現象のように思われます（図‐3，折込参照）。

このような部分は，コンクリートが保水しやすいので，築後10年経過でも，鉄筋腐食や，コンクリートひび割れを発生させ，また，躯体コンクリートとして一体性が薄い部分でもあるので，外壁仕上材剝離の原因にもなります。

5 コンクリートの水平打継部不良

(1) コンクリート打継部の一体化不良

コンクリートの水平打継部は，本質的に接着力が小さい部分ですが，下階のコンクリートの天端均しが悪く，レイタンス※除去も行われず，その上に鋸屑，木片，断熱材片，その他の夾雑物が落下したまま清掃もされずに，上階のコンクリートが打ち込まれている例が多いのです。

また，コンクリート打込み前に，富調合のモルタル流しを行うことなく打ち込まれたコンクリートには，ジャンカ※の発生する可能性があって，結局，鉄筋だけでつながっているといわざるをえない部分があり，このような場合，漏水や，鉄筋腐食が発生するのは当然の帰結です（写真-13・14）。

(2) コンクリート水平打継目地

コンクリートの水平打継部には，型枠組立時に，床コンクリートの表面均し定規として目地棒を取り付けてコンクリートを打設しますので，脱型後，深さ1.5～3.0cm程度の溝ができます（幅は，

(注)　※レイタンス＝打ち込まれたコンクリートが沈下して水が浮き上がると，セメントおよび砂中の微粒子の混合物が浮かび出て沈澱し，表皮を形成する。
　　　　　　　　レイタンスは強度はほとんどなく，水の浸入抵抗も少ない。
　　　　　　　　打ち継いだコンクリートの付着を妨げるので，打継ぎ前に除去すべきものである。
　　※ジャンカ＝豆板状コンクリート。

5 コンクリートの水平打継部不良　15

写真-13　外壁の水平打継部にジャンカ，内部の断熱材が見える

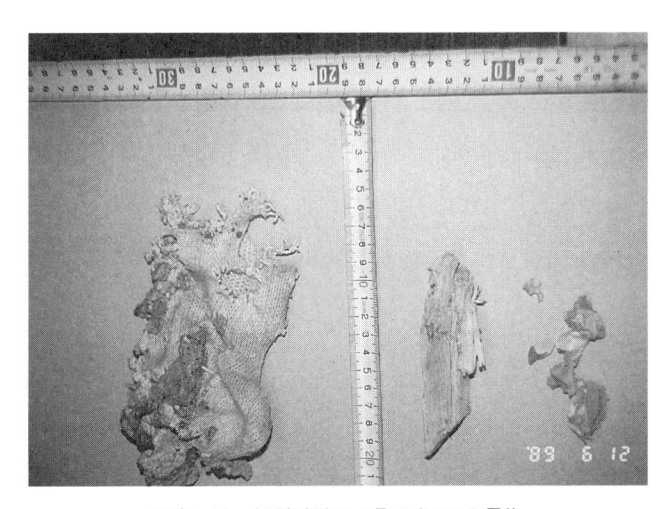

写真-14　水平打継部から取り出された異物

外壁のデザインによって多様)。

これを一般に化粧目地と称しますが，深さ 2 cm の目地であっても，コンクリートのふかしを多少見込んだとしても，型枠の歪もあるので，目地の部分では鉄筋に対するコンクリートの被り厚が極端に不足することが多いのです。

深さ 2 cm の目地にさらに孫目地をこしらえている場合は，いよいよ被り厚が不足するばかりでなく，孫目地の形の小ささから，コンクリートが回り込みにくく，結果としてジャンカが発生し，これまた，漏水と鉄筋腐食の原因となっているのが実体です。

(3) コンクリート水平打継目地にシール打を行うことの可否

コンクリート水平打継目地に，シール打を行っている例が多くあります。しかし，10 年経過した場合，シール材※は劣化し，シール材に界面剥離，ひび割れが発生し，雨水が浸入する状態のものが多く，20 年経過では，シール材破断が発生するので，雨水浸入を阻止する目的で施工されたものが，かえって雨水集中を招く状態になるのです。

また，打継目地は，コンクリートの型枠脱型の際，目地周辺のコンクリートが欠けることが多く，これの補修がしっかり行われていなければ，シール打を行っても，水が回り込むことになります。

無塗装のシールは，10 年経過したとき，打ち替えるべき材料ですが，特殊例を除き，定期的にシールを打ち替えるオーナーは，皆

※シール材＝正しくは，シーリング材と称し，雨仕舞の一環で，各種の部材間の接合部（目地）に充填し，または装着して目地に水密性を付与する材料である。また，硝子などを固定する材料としても使用される。

無に等しいのです。したがってシール材によって止水を行う考えは，改めなければなりません。

コンクリート技術に忠実に施工をすれば，一般的な鉄筋コンクリート造の水平打継部に，止水のためにシールを使用する必要性はないのです。

ちなみに，シール打施工後は塗装を掛けるべきです。ただし，シール材とその上に塗られる塗料の相性があるので注意を要します。無塗装のシール材は劣化が早いのです。

表‑3（その①・②・③）は，表‑2に記載された11棟のマンションの竪型ひび割れ，横ひび割れ，鉄筋腐食の実績数量ですが，

竪型ひび割れ，幅0.3 mm以上のもの——最大例＝28.34 cm
　　　　　　　　　　　　　　　　　　　　　延床面積 m²当たり
　　〃　　　　　　　〃　　　　　——最小例＝ 6.06 cm
　　　　　　　　　　　　　　　　　　　　　　　〃

横型ひび割れ，幅0.3 mm以上のもの——最大例＝ 3.14 cm
　　　　　　　　　　　　　　　　　　　　　　　〃
　　〃　　　　　　　〃　　　　　——最小例＝ 0.19 cm
　　　　　　　　　　　　　　　　　　　　　　　〃

鉄筋腐食長さ　　　　　　　　　　　——最大例＝ 8.36 cm
　　　　　　　　　　　　　　　　　　　　　　　〃
　　〃　　　　　　　　　　　　　　——最小例＝ 1.51 cm
　　　　　　　　　　　　　　　　　　　　　　　〃

となっています。

(注)　表‑3（その①・②・③）鉄筋腐食表のカ所とあるのは，鉄筋先端のみの腐食（3～5 cm）である。

18　1．マンション建築劣化の実状

表-2　マンション修繕費の施工実績例

マンション名	竣工年	改修工事年	改修迄の年数	戸　数	延床面積	1戸当たり平均金額	延1㎡当たり金額
A	1980	1991	11年	79戸	7,220.08㎡	776千円	8,386円
B	1979	1991	12	52	4,896.08	883	9,379
C	1981	1992	11	101	9,094.00	850	9,435
D	1982	1992	10	44	3,597.73	973	11,898
E*	1979	1993	14	95戸+1店舗	6,448.60	1,305	19,429
F	1980	1993	13	68	6,353.48	1,331	14,246
G*	1978	1993	15	25	1,993.38	1,910	23,948
H*	1979	1994	15	60	5,183.00	1,377	15,942
I*	1975	1993〜4	19	288戸+3店舗+その他 (換算326戸)	28,116.97	1,197	13,873
J*	1981	1995	14	66	6,595.02	1,579	15,800
K	1985	1995	10	117	10,301.41	1,299	14,751
(1) 最も高額な実績金額（千円）						1,910	23,948
(2) 最も低額な　〃　（千円）						776	8,386
(3) 平均値（千円）						1,226	14,280

（注）　1）　外装がタイル張りのものを含まない。在来外装仕上は，リシン，吹付タイル，スタッコであった。

　　　2）　※印のマンションにおいては，屋上防水工事を全面やり替えた。

　　　3）　金額には，追加工事費，消費税を含む。

5 コンクリートの水平打継部不良

表-3 マンション部位別劣化（ひび割れ・鉄筋腐食）状況（その①）

事例	外壁面	竪ひび割れ 0.5mm 以上	竪ひび割れ 0.3〜0.5mm 未満	横ひび割れ 0.3mm 以上	鉄筋腐食
Aマンション	北　面	185.6m	156.6m	109.7m	41.9m
	南　面	111.7	59.0	39.6	141.2
	東　面	46.0	6.6	17.7	6.9
	西　面	22.6	19.6	6.0	13.9
	塔　屋	12.0	12.3	27.0	23.9
	バルコニー 手摺壁	（南面に含む）	（南面に含む）	（南面に含む）	（南面に含む）
	計 ④	377.9m	254.1m	200.0m	227.8m
	④／延床面積	$\frac{377.9m}{7,220m^2}=0.0523$	$\frac{254.1m}{7,220m^2}=0.0352$	$\frac{200m}{7,220m^2}=0.0277$	$\frac{227.8m}{7,220m^2}=0.0316$
Bマンション	北　面	80.7m	99.5m	26.6m	73.0m
	南　面	143.3	62.3	15.6	35.8
	東　面	33.1	23.2	13.0	7.8
	西　面	25.7	21.1	19.2	19.7
	塔　屋	16.7	26.6	19.5	7.7
	バルコニー 手摺壁	（南面に含む）	（南面に含む）	（南面に含む）	（南面に含む）
	計 ④	299.5m	232.7m	93.9m	144m
	④／延床面積	$\frac{299.5m}{4,896m^2}=0.0612$	$\frac{232.7m}{4,896m^2}=0.0475$	$\frac{93.9m}{4,896m^2}=0.0192$	$\frac{144m}{4,896m^2}=0.0294$
Cマンション	北　面	31.2m	507.5m	76.5m	263.5m
	南　面	109.10	62.9	41.0	225.7
	東　面	} 18.0	} 244.0	} 52.0	} 29.4
	西　面				
	塔　屋	8.4	34.1	36.1	
	バルコニー 手摺壁	（南面に含む）	（南面に含む）	（南面に含む）	（南面に含む）
	計 ④	166.7m	848.5m	205.6m	538.3m+1,587カ所
	④／延床面積	$\frac{166.7m}{9,094m^2}=0.0183$	$\frac{848.5m}{9,094m^2}=0.0933$	$\frac{205.6m}{9,094m^2}=0.0226$	$\frac{538.3m}{9,094m^2}=0.0592$ +1,587カ所
Dマンション	北　面	35.0m	55.1m	1.1m	0
	南　面	84.7	11.3	0	0
	東　面	67.3	14.9	5.8	8カ所
	西　面	27.4	35.1	0	10
	バルコニー	26.6	0	0	65
	計 ④	241.0m	116.4m	6.9m	83カ所
	④／延床面積	$\frac{241.0m}{3,597.73m^2}=0.067$	$\frac{116.4m}{3,597.73m^2}=0.0323$	$\frac{6.9m}{3,597.73m^2}=0.0019$	$\frac{83カ所}{3,597.73m^2}=0.023 カ/m^2$

表-3（その②）

	外壁面	竪ひび割れ 0.5mm以上	竪ひび割れ 0.3〜0.5mm未満	横ひび割れ 0.3mm以上	鉄筋腐食
Eマンション	北　面	107.4m	115.9m	35.7m	88.1m
	南　面	140.4	250.3	41.1	189.1
	東　面	146.9	218.6	51.5	112.8
	西　面	93.4	237.6	74.2	148.5
	塔　屋	（各面に含む）	（各面に含む）	（各面に含む）	（各面に含む）
	バルコニー手摺壁	（全上）	（全上）	（全上）	（全上）
	計 ④	488.1m	822.4m	202.5m	539.3m
	④/延床面積	$\frac{488m}{6,448.6m^2}=0.0757$	$\frac{822.4m}{6,448.6m^2}=0.1275$	$\frac{202.5m}{6,448.6m^2}=0.0314$	$\frac{539.3m}{6,448.6m^2}=0.0836$
Fマンション	北　面	}102.1m	}94.5m	}19.9m	}50.95m
	南　面				
	東　面	300.8	236.7	16.7	45.4
	西　面	251.6	303.2	0	0
	塔　屋	26.9	21.6	9.7	9.1
	バルコニー手摺壁	140.7	322.2	0	0
	計 ④	822.10m	978.2m	46.3m	105.45m
	④/延床面積	$\frac{822m}{6,353.5m^2}=0.1294$	$\frac{978m}{6,353.5m^2}=0.1540$	$\frac{46.3m}{6,353.5m^2}=0.0073$	$\frac{105.5m}{6,353.5m^2}=0.0166$
Gマンション	北　面	12.4m	10.4m	0.m	33.0カ所
	南　面	1.6	0	12.0	4.0
	東　面	18.0	20.3	0	27.0
	西　面	16.3	6.9	9.6	0
	塔　屋	0	0	0	0
	バルコニー手摺壁	45.8	78.1	29.5	85.0
	計 ④	94.1m	115.7m	51.1m	149.0カ所
	④/延床面積	$\frac{94.1m}{1,993.38m^2}=0.0472$	$\frac{115.7m}{1,993.38m^2}=0.0580$	$\frac{51.1m}{1,993.38m^2}=0.0256$	$\frac{149 カ所}{1,993.38m^2}=0.0747 \frac{カ所}{m^2}$
Hマンション	北　面	33.60m	29.10m	0	11.6m
	南　面	8.10	0	0	11.5
	東　面	243.30	152.50	0	36.6
	西　面	123.60	41.20	0	18.6
	塔　屋	29.80	0	0	（上記各面に含む）
	バルコニー手摺壁	34.90	0	0	（全上）
	計 ④	473.30m	222.80m	0	78.3m
	④/延床面積	$\frac{473.3m}{5,183.0m^2}=0.0913$	$\frac{222.8m}{5,183.0m^2}=0.0430$		$\frac{78.3m}{5,183.0m^2}=0.0151$

[5] コンクリートの水平打継部不良

表-3（その③）

	外壁面	竪ひび割れ 0.5mm 以上	竪ひび割れ 0.3～0.5mm 未満	横ひび割れ 0.3mm 以上	鉄筋腐食
Iマンション	北　面	外壁 17.3 + 内庭 13.6 = 30.9 m	外壁 54.4 + 内庭 20.3 = 74.7 m	外壁 15.3 + 内庭 7.9 = 23.2 m	外壁 78.45 + 内庭 19.2 = 97.65 m
	南　面	13.9 + 21.7 = 35.6	219.2 + 9.7 = 228.9	24.4 + 10.9 = 35.3	18.5 + 15.2 = 33.70
	東　面	75.7 + 64.9 = 140.6	223.4 + 58.2 = 281.6	27.9 + 1.0 = 28.9	53.4 + 129.3 = 182.7
	西　面	43.5 + 20.9 = 64.4	570.3 + 276.7 = 847	32.2 + 7.0 = 39.2	23.7 + 84.1 = 107.8
	塔　屋	(内庭北・南面に含む)	(内庭北・南面に含む)	(内庭北・南面に含む)	44.3m
	計 ⑦	271.5m	1,430.2m	126.6m	466.15m
	⑦／延床面積	$\frac{271.5m}{28,117㎡}=0.0097$	$\frac{1,430.2m}{28,117㎡}=0.0509$	$\frac{126.6m}{28,117㎡}=0.0045$	$\frac{466.15m}{28,117㎡}=0.0166$
Jマンション	北　面	154.70m	300.40m	0.70m	181.13m
	南　面	51.10	61.50	21.00	2.92
	東　面	39.25	73.30	0.30	1.67
	西　面	49.60	74.20	1.30	4.19
	塔　屋	4.30	2.00		38.63
	バルコニー 手摺壁	1.00	11.70	69.25	6.62
	計 ⑦	299.95m	523.10	92.55m	234.76m
	⑦／延床面積	$\frac{299.95m}{6,595㎡}=0.0455$	$\frac{523.1m}{6,595㎡}=0.0793$	$\frac{92.55m}{6,595㎡}=0.0140$	$\frac{234.76m}{6,595㎡}=0.0356$
Kマンション	東棟北面	69.1m	538.0m	1.9m	14.0m
	〃南面	13.6	407.7	4.8	0
	〃東面	0	48.9	0	19.4
	〃西面	0	7.0	0	6.0
	バルコニー 手摺壁	3.5	97.3	0	手摺壁 0.5 + 床下端 101.7 = 102.2
	西棟北面	4.6	41.0	1.3	0
	〃南面	0.8	36.7	0	0
	〃東面	33.6	114.3	2.7	7.7
	〃西面	4.2	155.3	0	0
	バルコニー 手摺壁	4.8	71.1	0	手摺壁 3.5 + 床下端 55.8 = 59.3
	管理棟	0	15.0	0	0
	塔　屋	0	5.3	9.7	0
	計 ⑦	134.2m	1,573.6m	20.4m	208.6m
	⑦／延床面積	$\frac{134.2m}{10,301.41㎡}=0.0130$	$\frac{1,573.6m}{10,301.41㎡}=0.1493$	$\frac{20.4m}{10,301.41㎡}=0.0020$	$\frac{208.6m}{10,301.41㎡}=0.0202$

6 アルミサッシ周囲の漏水

　アルミサッシの周囲から漏水することがあります。初期には被害が目立たないので，気付かないことが多いのですが，経年とともに，サッシ周囲から雨水が浸入する頻度が増え，外壁側の内壁にしみが出たり，黴が生えたり，ときとして床面が濡れる場合もあります。

　これらの現象は，その多くが建設時の配慮の足りなかった施工の結果として発生するものと考えられますが，コンクリートの乾燥収縮ひび割れや，温度変化による歪ひび割れのように，材料の性質と，設計や施工の良否とが複合して発生するものもあります。

　いずれの現象も，正しい修繕を行わないかぎり，サッシ周囲のモルタルや，コンクリートの劣化が進行することによって，ますます浸水の度合が増加し，鉄筋の腐食も進行することになります。

　これらの現象について，その原因の種類別に，いま少し詳しく述べることにします。

(1) アルミサッシ四周のモルタル詰め不良

　サッシを取り付けた後，モルタル詰めを行いますが，サッシ枠裏面の形の複雑さが禍いして躯体コンクリートとサッシ枠の間に隙間ができます。また，水量の多いモルタルを使用したときは，モルタルの沈降によって，隙間が発生します。

　低温時，このような隙間には結露水が発生し，モルタルの隙間に浸入します。浸入した水分は，外気温の条件次第によって，凍結，融解を繰り返し，やがてモルタル強度を低下させ，外部からの雨水

6 アルミサッシ周囲の漏水　23

写真 - 15　アルミサッシ下枠下の詰めモルタルの破断・欠落が，雨水の室内浸入への原因となる（築後18年目）

写真 - 16　コンクリート躯体と，アルミサッシ上枠の詰めモルタルの取合いに約3mm の隙間あり，これに結露水が浸入して凍結・融解を繰り返し，サッシ抱きコンクリートが劣化（築後15年目）

写真 - 17　写真-16に同じ（築後13年目）

をも透過させるようになるのです（写真 - 15）。

　サッシ周囲の躯体コンクリートには，収縮ひび割れをはじめ，施工の具合によって，様々な空隙があり，発生した結露水や，雨水がこれに浸入して滞留し，コンクリートを劣化させます。サッシ下のみならず，上枠の抱きコンクリートが破断する例もあります（写真 - 16・17）。

　サッシは，下枠の裏面だけでも，先行して隙間なくモルタルを詰めてから，取付けを行うようにするならば，前記のような不都合が発生する機会は大幅に減るのです。

(2) サッシ水切の寸法不足と取付け不良

　水切を取り付けた後で，その裏面に隙間なくモルタルを詰めるのは極めて困難で，水切の先端と外壁仕上面との間隔が小さくなるほ

[6] アルミサッシ周囲の漏水

写真 - 18　アルミサッシ新規水切板とコンクリート外壁の隙間に，無収縮モルタルを注入〔端部のビニールホースは，一方が注入口で他方がエアー抜き〕

写真 - 19　アルミサッシ水切板の長さ不足。10年経過で下部ひび割れが大きく成長している

ど，モルタル詰めを行うとき先端の水切垂れ（12 mm が一般）が邪魔になり，したがって，隙間が多く発生し，結露量が多くなります。

　サッシ下枠裏のモルタル詰めは，前述したように隙間を設けない方法もありますが，水切の裏面は，モルタルを詰めるのではなく，型枠を付けて無収縮モルタルを注入する方法をとるべきです(写真 - 18)。

　水切の長手方向寸法が不足しているケースもあります。この場合，水切はサッシ内法寸法に合わせて造られていて，両端において左右それぞれ 10〜15 mm の幅で，水切下のモルタルまたはコンクリートが露出し，その上にシール材が被されているのですが，この部分は雨水が集中しやすく，サッシの結露水も流出する位置でもあり，サッシ下全体のコンクリートの劣化原因になります（写真 - 19)。

　水切のこのような納まりは，コンクリート打込サッシに多く見られますが，水切裏面を接着材の点付けで取り付けているものは，水切の裏足の関係で躯体コンクリートとの間に 6 mm 前後の隙間ができるので，これまた裏面結露が発生するのです（写真 - 20)。

　水切は，サッシ内法幅より左右それぞれ 25〜30 mm 長いものとし，小口ふさぎ板（板厚 4〜5 mm）を取り付け，表面から全周溶接をしなければなりません。小口ふさぎ板らしいものが，一応取り付けられている例はあるのですが，水切裏面のアンカー用溝型に側面からビス止めされており（この方法は，全く信頼できない），気温変化によるアルミ材の伸縮の影響もあって剥離し，かえって水みちを作る結果となるのです（写真 - 21・22)。

写真-20 アルミサッシの水切板を接着剤で取り付けたものは，水切板裏面のアンカー用溝型のため6 mm前後の隙間が生じ，外気温が＋8℃程度でも結露が発生（取り外した水切板を裏返して撮影　1999.4.23）

写真-21 アルミサッシ水切板の小口ふさぎ板が溶接されていないので，水切板との間に隙間が生じ，ここに浸入した雨水によって，外壁塗料凍害が発生（築後13年目）

写真-22 アルミサッシ水切板の小口ふさぎ板が溶接されていないので，水切板との接点に隙間が生じ雨水が浸入（築後4年目）

水切取付け後の両端部目地こしらえのいい加減さを,シール材を被せてごまかしている例が多く,雨水浸入の原因となっています。シール材を打つ以上は,目地こしらえを確実に行って,その断面は10×10 mm以上とし,外壁と同じ塗装を行うのが基本です(塗装されないシール材は耐久性が劣る)。

(注)　シール材と塗料の相性――(5)‐③参照

　水切先端と軀体の間にシールを詰めているケースでは,水切が悪く,サッシ下の外壁を例外なく汚染します(写真‐23)。サッシ

写真‐23　サッシ水切板先端水切と軀体の間にシールを充填した結果,水切れが悪くなり,外壁汚染の原因となる(築後10年目)

メーカーのカタログに水切下端シール詰めを奨励するかのような図を掲載しているのは，いかなる考えに基づくのでしょう。

　サッシの水切は，外壁仕上げ面からの出寸法を25〜30 mmとし，詰めモルタルは無収縮モルタル注入，水切板と躯体の取合いに目地棒を取り付けて，目地こしらえをすべきです。

　また，水切板の幅が150 mmを超えると，曲げ加工による特注品となりますし，裏込めモルタルに無収縮モルタルを使用する場合，水切板の変形が懸念されるので，幅広の皿板を使うような設計は避けたいものです。

7 換気フード下の漏水

　外壁に設けられた換気用フードの周辺には，躯体コンクリートを劣化させる原因が複合しており，また，居住者の保健衛生上，憂慮すべき状態が発生するなど，建築技術上の盲点となっているので，いささか紙面を費やすこととします。

　換気フードにおいては，材質，製作技術，取付け方法，防虫網の清掃方法，また，換気ダクトにおいては，材質選定のルール，取付け方法，ダクト周囲モルタル充填方法など，どれひとつ取り上げてみても問題ありといわざるをえないのです。

　マンション建築において，外壁の換気口周辺に例外なく建物劣化の原因を抱えており，数が多いうえに，室内側との関連性があるので，改修工事に当たっては，確かな計画と，正しい施工が必要です。

(1) 換気フードの材質

換気フードの材質には、プラスチック、鉄板、ステンレス、アルミの4種類があり、1980年頃までは鉄板製か、プラスチック製のものが多く、その後はアルミ製が多く使われ、ステンレス製のものも使われるようになりました。

プラスチック製のものには、経年劣化の早いものが多く、10年経過したものでは、取り外すとき破損するので、新品に取り替えることになります。14年経過の例では、鳩がプラスチックフードを壊し、ダクトの中に巣作りをした例もあります。

鉄板製のものは、コンクリート躯体の取合いにシール溝を作ってビス止めとし、シール打を行う納まりが一般的ですが、10年経過後にシールを撤去してみると、躯体コンクリートとの接触部の腐食が重度で、再使用できない例が多いのです。

厚さ1.6 mmの鋼板製ですらこのような状態でありますから、一時、多くのマンションで使用された板厚0.5 mmの既成品は到底、建築部品とはいえないものであったのです（写真 - 24）。

アルミ製の場合はどうでありましょうか。浴室、便所排気系統、台所排気系統のフード内面に、点食が発生する傾向があり、これが、やがて孔食へと移行するものと思われます。また、腐食の原因が何にあるのか、今のところあまりよくわかっておりません。

したがって、より安全を考えるならば、SUS 316 または 304 の製品に、塗装仕上を施したステンレス製品を使用するべきでしょう。

しかしながら、ステンレス製にしろ、アルミ製にしろ、金属製のものは、板厚の関係もあり、フードの製作方法において、基本的な弱点があるので、フードの仕組みと、取付上の留意点について述べ

[7] 換気フード下の漏水

写真 - 24 0.5mm 厚の鉄板製換気フードに錆止塗装なし。10年経過で錆が重度となり，塗替え不可（築後10年目）

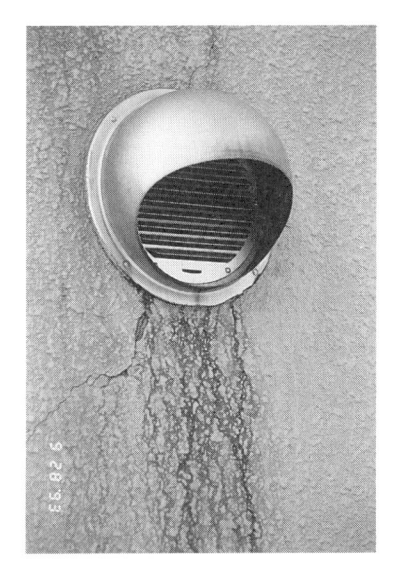

写真 - 25 アルミ製セルフフード下部のひび割れ・汚染（築後10年目）

ることにします(写真-25)。

(2) ステンレス製またはアルミ製フード取付けのための設計方法

一般に、これらのフードは、図-4に示すように、フード部、ガラリ部、鞘部のそれぞれプレス成型された3枚の部品を、4〜5本の鋲で止めつけたものでありますから、雨が吹きつけたとき、フードと鞘管の合わせ目から漏水する可能性があります。

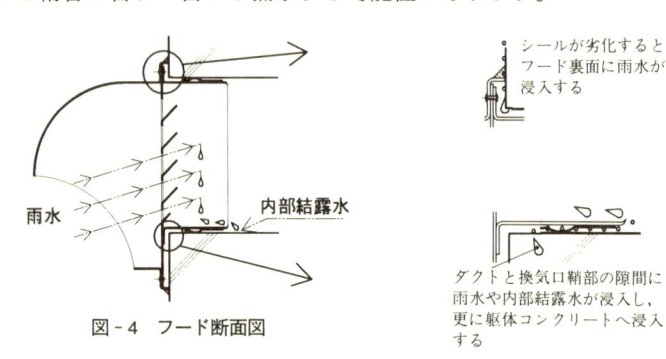

図-4 フード断面図

同じような形のフードでも、このような漏水が発生しにくい型式のものを製作しているメーカーもありますから、フードの選定に当たっては慎重に検討することが必要です。

また、フードの鞘管とダクトとの取合部には、隙間がありますから、この隙間を確実にふさぐような取付けをしなければ、ダクト内で発生した結露水は、この隙間から漏水することになります。

ダクトの取付けや、材質の選定については、技術的な判断のもとで行われない結果、亜鉛鍍鉄板製ダクトの腐食穴あき、周囲鉄筋の腐食、ダクトが短いために発生する、ダクト下部コンクリート凍害発生など、建物の耐久性を損なう原因は、枚挙にいとまがないほどです(写真-26・27・28・29)。

写真-26 換気ダクトから流出した結露水の結氷〔つららの陰に竪型ひび割れあり・左上〕
写真-27 換気フード周囲からの雨水浸入により,下方にコンクリート凍害発生(築後13年目・右上)

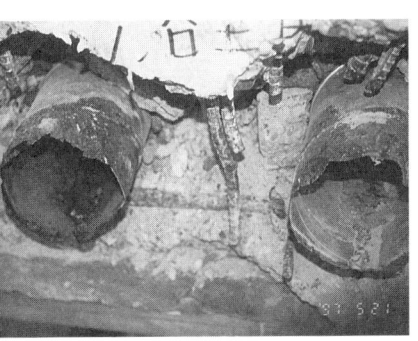

写真-28 左側はガス湯沸器排気ダクト(都市ガスの場合,鉄板製ダクトは,平成7.1.1以降法違反 築後15年目)
〔右側は浴室系統排気ダクトで,いずれもダクト周囲のモルタル詰め不良により外側からも腐食。周囲の鉄筋も腐食,ダクト先端の腐食部は切断し,SUS-304 t 0.5製ダクトで継ぎ足す〕
写真-29 浴室・便所系統排気ダクト
〔ダクト周囲の詰めモルタルは表面だけで,詰めにくい部分は断熱材片を突込んである。周囲の鉄筋は腐食。ダクトは当初から短く,継ぎ足されたもの(築後12年目)〕

このように，金属製換気フードは，建物設計の段階で，部品の選定から，ダクトを含めた取付けまでの設計を行わないかぎり，問題解消にはならないのです。

すなわち，
(a) ダクトは，結露水が発生する部分をSUS-304製とし，外壁仕上面より3mm出す。また，詰めモルタルは，無収縮モルタルとする。
(b) フードは，鞘管にバネのないものとする。
(c) フードガラリに設けられる排水孔は，目詰まりしにくい大きさとする。
(d) フードの鞘管と換気ダクトの隙間は，鞘管に合成ゴムのベルト状のものを張り付け，さらに1液性変性シリコンシールを盛り上げ，ダクト内へ挿入する（樹脂で固着することは避けたい）などの方法が必要となり，現場作業だけに頼るわけにはいかなくなります。

フードの鞘管は，ダクトの内側へささり込むのではなく，外側から被せる型式のものであるべきです。

また，フードに防虫網が付けられているものは，比較的短期間で目詰まりし，換気不良となり，室内結露，内壁・床仕上面に黒黴発生など，建物長期保全上の問題にとどまらず，保健衛生上，極めて憂慮すべき状態が発生します。

換気フードで，最も目詰まりしやすいのは，浴室・便所系統のもので，築後3年目には，換気不良による瑕疵問題となった例もあり，6年経過で完全に目詰まりした例もあります。

[7] 換気フード下の漏水

写真-30　浴室・便所系統排気フード（ステンレス製）防虫網の目詰まり（築後11年目・上左図）
〔更衣時の綿埃と水蒸気が繰り返し排出された結果，防虫網に目詰まり発生で排気不能となり，浴室等の水蒸気が住居内に拡散する結果，サッシ，硝子の結露も激しく，内壁下方，外壁に近い床面に黒黴が発生〕

写真-31　外気取入用プラスチックグリル防虫網の目詰まり（築後11年目・上右図）
〔プラスチック製（ABS樹脂）のグリルの防虫網は目詰まりしやすく，いずれのマンションでも換気に対して有名無実の装備〕

写真-32　室内換気不良により，外壁側の内装や床の絨毯に黒黴発生（築後11年目）
〔写真-30・31に見る換気口防虫網の目詰まりにより，このような状態が発生する。建物長期保全のみならず，保健衛生上からも大いに問題〕

浴室に付属する脱衣室および便所から発生する綿埃が排気ダクトに送られた後に，大量の水蒸気が排出される状況の繰り返しによって，防虫網に黒黴層ができるのです。

給気用のプラスチックグリルにメッシュの付いたものは，周囲の環境にかかわらず最悪です。

台所の排気フードは，浴室・便所系統のものと比較すれば若干目詰まりは少ないのですが，結局は時間の問題であり，基本的には換気口すべてに共通する問題ですから，根本的な見直しが急がれます（写真 - 30・31・32）。

8 バルコニー床の漏水

バルコニー床は，一般に建物本体からハネ出した片持構造で造られているうえに，長手方向の寸法が大きいので，コンクリートの収縮ひび割れや，温度変化による歪ひび割れが発生しやすい部分です（写真 - 33）。

したがって，コンクリート床と幅木にひび割れが発生するものとして，防水材を選択する必要があるのですが，コンクリートのひび割れに追随できない防水剤入りモルタル塗りが圧倒的に多く，8年経過では例外なく漏水しています。

また，ウレタン塗膜防水も若干例（建物診断実施のうち5％以下であった）ありますが，施工方法のまずさから，10年未満ですべての例で漏水しています。

最近は，バルコニーの床，幅木に全く防水を施工していないマン

8 バルコニー床の漏水　37

ションが増えていますが，一体いかなる考えに基づくのでしょうか。

バルコニー床の漏水による被害は，わずかであっても不意打ちのように発生して，下階の物品などを汚染するので，放置すれば極めて深刻な問題に転化するばかりでなく，降雨のたびに雨水が溜まり，結果として，コンクリートのひび割れを増長させるような箇所では，23年経過で，コンクリート床の一部が崩落する例も発生しているのです。

もちろん，漏水箇所周辺は，コンクリートの中性化進行によって，鉄筋が腐食しやすい部分でもあり，前記 3 で述べたとおり，床版下端鉄筋の腐食修繕は，一般に範囲が広く，作業がむずかしい部分でもあるので，雨水が浸入する状態のまま，20年以上経過したときに，大手術が必要になる可能性があります。

写真 - 33　バルコニー床版の形を変えた位置にひび割れが生じ，漏水原因となる

次に，防水方法別の修繕方法について，要点を述べます。

(1) 防水剤入りモルタル塗り

漏水している箇所の周辺は，例外なくモルタルの浮きが発生し，その面積は築後10年経過で，床，幅木合計面積の20～35％が一般であります。まれに，過半の部分が浮いている場合もありますが，これは，新築工事時に事情があったものと思われます。

モルタルの浮きは，雨水が浸入することによって広がります。また，床排水金物や，避難ハッチ取付け後の穴埋め作業を，丁寧にやるかどうかによって，その多寡が変わります。どのような防水剤を使うにしても，浮きモルタルを止めつけなければ，性能保証はできませんから，浮きモルタルは，すべて，エポキシ樹脂注入により接着させたうえで，塗膜防水を行う必要があります。

(2) ポリウレタン塗膜防水

ポリウレタンの塗膜防水が，10年未満で漏水するのは，塗膜が破断しているか，防水層の塗り仕舞に欠陥があるかの，いずれかです。

建物診断時に，塗膜の厚さを計測してみると，平面で1mm以下，立上がり面では0.5～0.6mmの例が非常に多く，漏水が発生している場合，平面と立上がり面の取合部が破断しているものが多いのです。

防水層の塗り仕舞を，どこで止めるかが曖昧で，かえって水受けになっている例もあります。塗り仕舞は，雨水浸入の可能性が少なく，手摺支柱基部との納まりもよく，作業がなるべく単純に行われるような位置で行うことが肝心です。

ときとして見受ける欠陥施工に、A液とB液を混合した材料を、所定の道具を使うことをせず、缶から流し塗りをすることがあります。ポリウレタン防水材は、表面張力が強いので、下地の高低にあまり関係なく、表面が平坦になろうとします。その結果、下地の高い部分は塗膜が薄くなり、その部分から破断が始まります。

　バルコニーのように、比較的簡単な防水方法をとる部分でも、塗膜防水の主材は、所定の道具を使って、最低でも2回塗りを行わなければなりません。防水主材を、紫外線などから防護するためのトップコートも、$0.3\,kg/m^2$を、2回に分けて塗らなければ、耐久性が低下するのです。

(3) バルコニー設計に当たり心すべきこと

　修繕工事の実績から、マンション1戸当たりのバルコニーの修繕費は、外壁や手摺の大幅な改修を除いて、5～35万円となっています。これだけ大きな差は、バルコニー床面積の差であり、バルコニーがL型のものは、床と手摺壁の故障も多く、多額の費用を要することになります。

　したがって、マンションをできるだけ安く提供し、維持費も小さくするには、バルコニーの設計いかんにあるといえるのです。

9 バルコニー避難ハッチの腐食と漏水

　バルコニー床に設けられている避難ハッチも，鋼板製のものは，当然腐食します。しかも，その取付け環境は湿潤で，腐食に対する条件が厳しいにもかかわらず，錆止め塗料を使うことなく焼付仕上となっていたり，錆止め塗料を使ったけれども，材料の選定や，塗膜管理に，耐久性を吟味したとは考えられない製品が多いのです。

　したがって，枠四周のモルタル詰めに隙間があり，ハッチ枠と床防水層との納まりに難点があるときは，枠の腐食が早い。8年経過で枠を切り張りしたり，蓋を取り替えざるをえない例もあり，15年目には，すべてのハッチを取り替えなければ，ハッチを使用することができないマンションが実に多いのです（写真‐34）。

　このことについて，消防庁は，どのように考えているのでありましょうか。

　1992年の消防法改正によって，現在はステンレス製の避難ハッチしか使用できませんが，それ以前に建設されたマンションで，避難ハッチを装備しているものは，やがて災害発生時，そのすべてが生命の危険にさらされることになります。

　避難ハッチを1カ所取り替える費用は，周囲の仕上げも含め，少なくとも13万円程度かかります。避難ハッチの少ないマンションの場合はともかく，マンションによっては，各戸ごとに装備されている場合もあり，150戸のマンションとすると，取替費は約2000万円（足場費を除く）になるケースもありますから，管理組合として大変頭の痛い問題です。

　ハッチ枠がステンレスであっても，少しも油断はなりません。枠

9 バルコニー避難ハッチの腐食と漏水　41

写真 - 34　鉄板製避難ハッチ枠の腐食（築後8年目）

写真 - 35　避難ハッチ周囲の漏水（築後12年目）

四周の詰めモルタルに隙間があり、床の防水層が不連続ならば、漏水するのは当然ですし、床版の鉄筋腐食や、コンクリート凍害が発生するのも当たり前のことです（写真‐35）。

避難ハッチが何年もつか、については、マンションによって非常に差があり、一概にいえませんが、ハッチの枠上端を床面から5cm程度上げて取り付け、周囲にモルタルで勾配をつけてから、防水を施工しているものについては、良好な結果となっています。

10 バルコニー手摺壁の劣化

バルコニー先端の鉄筋コンクリート外壁には、床からの高さが1.2m前後の手摺壁状のものと、金属手摺などを取り付けるための、パラペット状の低い壁の2種類があります。まれに、立上がり部分がなく、床面の雨水が垂れ流しになるものもありますが、これは論外とします。

この部分は、設計の考え方と、施工の質によって、鉄筋腐食や、コンクリート凍害などのダメージを受ける部分なので、いささか紙面を費やして説明を加えることにします。

(1) 手摺壁

コンクリート打放しの手摺壁に、現在広く使用されている塗料（リシン、吹付タイル、スタッコ等）を施したものは、寒冷地において、10年経過後、コンクリート凍害によって、コンクリート強度が著しく低下している部分があり（写真‐36・37）、建物によっ

10 バルコニー手摺壁の劣化   43

写真 - 36　コンクリート凍害により手摺壁のコンクリートが崩落（築後14年目）
〔指先でむしり取ることができる〕

写真 - 37　コンクリート凍害により手摺壁にひび割れが多く発生。テストハンマーで軽く叩いただけで崩落（築後11年目）

ては，同年経過でも，凍害の影響を受けていないものもあります。この差異は，コンクリートの質の差（コンクリート初期養生も含め）によるものと思われます。また，一般に，手摺壁は，その厚さの関係上，鉄筋が少なく（シングル配筋），したがって，ひび割れも，幅の大きなものになる傾向がありますので，降雨時（降雪時），いつも雨に濡れる状態を続けるならば，ひび割れ等に浸入した雨水の影響によって，鉄筋腐食が発生しますし，寒冷地においては，コンクリート凍害によって，やがて，コンクリートの強度が低下し，欠落するようになります。

このようなダメージを発生させないためには，手摺壁を，良質な塗膜防水層包みとするのが第1であり，第2の方法は，ステンレス，またはアルミ製の笠木を，手摺壁の頂部に被せる方法です。ただし，金属笠木を取り付ける場合，直交する壁にドン付けにしたり，出入隅の角部に隙間をこしらえたのでは，金属笠木を取り付けた意味がありません。また金属笠木は，オープンジョイントタイプのものを使うべきで，手摺壁頂部にガッチリ固定するタイプのものは避けるべきです。金属笠木使用のもう1つ留意すべきことは，笠木裏面の結露です。笠木を取り付けた後，周囲にシール打を行って，通気を遮断すると，結露しやすくなりますので，この点からも，オープンジョイント笠木のほうが望ましい。ただし雨は吹き込むことがあります。

(2) 低い手摺壁

この種の手摺壁は，金属製手摺を取り付けるために，低くこしらえてあるのですが，最近の金属手摺の取付け方法は，コンクリート手摺壁の頂部に，手摺支柱を埋込む方式が全盛です。この方法は，

バルコニーの床面積を損なうこともなく、取付け方法としては簡単です。しかしながら、アルミ製手摺についていえば、笠木の接目は溶接されていませんから、プラスチック製のカバーを被せても、雨は笠木下の支柱の中へ浸入します。その量は想像よりも遥かに多いのです。アルミ手摺の場合は、竪・横材の接点から浸水することもあります。

したがって、10年経過で、寒冷地では、支柱埋込部周辺に竪・横のひび割れが発生し、コンクリート凍害が始まっているのです（写真-38）。1冬経過しただけで、凍害によって、コンクリート手摺壁の一部が押し出されて落下した例すらあります。

10年経過したアルミ手摺支柱のアンカー部は、どのようになっているのでありましょうか。

写真-38 バルコニー手摺支柱アンカー部のひび割れ（築後10年目）
〔基礎コンクリートに浸入した雨水によるひび割れ〕

写真-39は、アルミ手摺支柱のアンカー部コンクリートを、20cm×8cm×壁厚で斫り取る作業を示していますが、支柱アンカー部の埋めモルタルの強度が、極端に低下し、ペンシルが少しの抵抗もなく、3cm突きささっているのです。

このような部分のコンクリート手摺壁は、コンクリート打設時以降、金属手摺取付けまでの数カ月間、現場で発生するあらゆる塵埃や、アンカー部溶接カスを含め、かなりの量のものが溜まるのですが、これを除去することは、まず不可能なので、このことが、やがて発生する、手摺支柱アンカー部周辺のモルタル、あるいは、コンクリート凍害の基本的原因となるのです。まして、手摺支柱をアンカーした後に、普通モルタルを手詰めしたのでは、隙間だらけとなるのは当然でありましょう。

写真-39 詰めモルタル凍害（築後10年目）
〔バルコニーアルミ手摺のアンカー部埋めモルタルにペンシルを突き刺すことができる〕

写真-40は，前述の部分のコンクリートをカットし，手摺支柱の根元を露出させた状況ですが，アンカー用鉄部の腐食もさることながら，アルミ支柱下部の腐食減量が激しい。このような状態で，20年以上経過したとき，果たして，どのような状態になっているのでありましょうか。

寒冷地でなくても，このような方法をとる以上，手摺基部や，手摺壁鉄筋の腐食を免れることはできないのです。

金属製手摺の取付けは，手摺壁の内側に持ち出し型とするか，ブラケットを介して取り付けるべきです。外側に取り付けると，手摺壁との間に隙間ができ，子供が足を挟む危険があります。

写真-40 バルコニーのコンクリート壁に埋め込まれたアルミ手摺支柱下部の劣化（築後10年目）

昭和30年代の設計事務所においては,このような手摺取付けの基本について,厳しくいましめられたものでありました。

コンクリート手摺壁の頂部に,金属製笠木を取り付け,これに孔をあけて手摺を取り付けている例もありますが,手摺と笠木一体型として造られたものでなければ,最悪の結果となります。手摺支柱用の孔と,笠木の接目から必ず漏水するからです。シール材で孔ふさぎを行っても,オーバーラップ型としないかぎり,頼りにならないのです。

(3) 手摺壁コンクリートのひび割れ

手摺壁のコンクリートは,厚12 cm,シングル配筋が一般であり,ダブル配筋のものは滅多にありません。シングル配筋の壁は,コンクリートが打ち上がった状態では,鉄筋が,どちら側かへ片寄っているのが普通であり,したがって,コンクリートのひび割れは,幅の大きなものが発生しやすい。また,鉄筋の片寄りは,被り厚の減少となって,早期に鉄筋腐食が発生しやすいのです。バルコニーといえども壁厚を増やし,ダブル配筋とすべきです。

(4) バルコニー手摺壁のタイル張りについて

前述したように,一般に手摺壁のコンクリートは,鉄筋の片寄りもあり,雨水が浸入するようなひび割れが多いのですが,手摺壁に,金属製手摺支柱を埋め込んだときは,結果として,一層ひび割れを増大させ,雨水浸入の機会を増加させます。

このようなコンクリートにタイルを張っても,タイル裏側への雨水浸入によって,あるいは,鉄筋腐食によるタイルの押出し現象によって,タイルは剥離しやすいのです。バルコニーは,タイルが剥

落すれば極めて危険な部位であり，また，その形態からいって，十分信頼に足る補修は困難です。

　すでに，タイル張りとなっているバルコニー手摺壁は，タイルを撤去し，下地を十分補修して，良質なアクリル弾性塗料を，塗膜厚十分に塗り掛ける方法に切替えたほうが安心です。ただし，この方法を採用するときは，前記(2)で述べたように，アルミ手摺について，支柱内への雨水浸入を防止する措置を行うことが条件となります。

　以上で表‐1に記載した，建物外壁等の劣化の原因と結果についての詳細を終えますが，さらに若干の項目について追加説明を加えることとします。

11 排水通気末端金物

　いわゆるベントキャップ型と称する，外壁の，排水通気管末端に取り付けられる排水通気金物は，これを使用したときに，外壁にどのような影響を与えるかなど，全く考えることなく，排水管の機能だけを満足させる部品として，製作されたものと思われます。

　排水通気管からは，常時，水蒸気が発生して，外気温しだいで，管内に結露水が発生し，臭気とともに外部へ流下し，外壁を汚染します。また通気管下部にひび割れがあるときは，これにも浸入することになります。寒冷地では，この結露水が氷塊となって外壁に張り付き，外壁を汚染するばかりでなく，予兆なしに落下するので，大変始末が悪いのです。

外壁修繕を行ったとき,ほかのことが,いかによく行われたとしても,排水通気末端が,上記のような状態のままであったとすれば,後に悔いを残すことは間違いないと思われます(写真-41)。

したがって,修繕工事の際,最上階の天井内で,排水通気管を切り替えて屋上に立ち上げて,VR型に取り替えるべきです(写真-42)。

ドルゴ通気弁を使用する方法もありますが,弁が故障した場合のことも考慮して取付け場所を選定する必要があります。

写真-41 排水通気ベントキャップに発生する氷塊

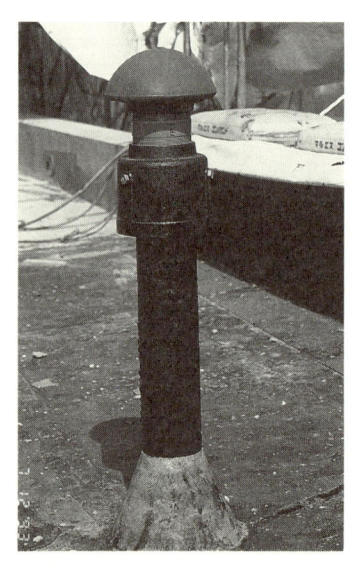

写真-42 屋上に立ち上げたVR型排水通気金物〔防水層包みは未施工〕

12 外壁塗装下地のモルタルしごきの意味について

　新築工事において，コンクリート外壁の塗装下地として，いわゆる樹脂モルタルしごきの意味を，どのように考えられているのでしょうか。

　塗料を削ってみると，その下地は，
① 塗料下地全面モルタルしごきを施工しているものの，気泡だらけ。
② 型枠の不陸調整だけを行い，気泡潰しを考えない。
③ 全く，モルタルしごきが行われていない。

となっており，不陸調整と気泡潰しの両方を満足するしごきを行っている例は極めて少なく，マンション建築においては，上記①，②，③のいずれかの状態が当たり前のようになっています。

　しかしながら，外壁の塗装は，躯体コンクリートを，雨水や紫外線，その他の大気汚染物質から防護するのが最大の目的であり，美観は結果である。

　このように考えるとき，外壁の塗装は，第1に，塗装下地の状態，第2に，塗料の質と塗膜厚，第3に，工程を含めた塗装方法について，目的に見合った評価を行わなければなりません。

　にもかかわらず，塗装の下地が，コンクリートの気泡による孔だらけであったとすれば，結果はどうなりましょうか。

　塗料の中には，初期の美観だけを目的に作られた，としか考えられない製品も多いのですが，少なくとも，建物の耐久性を保持するための塗料であるならば，このような下地では，到底その目的に適う塗装工事は不可能です。

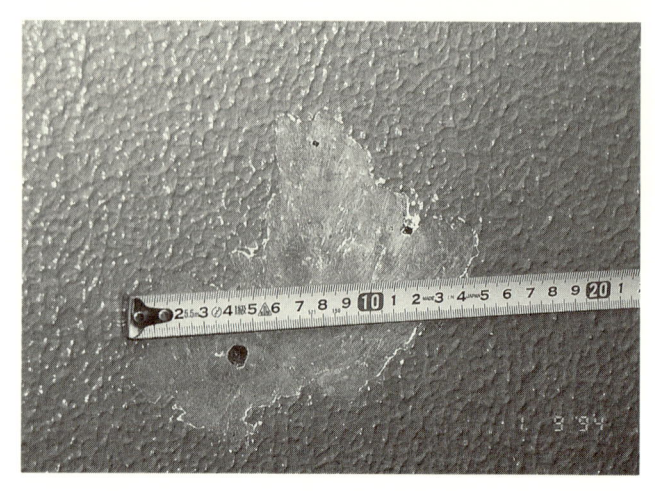

写真 - 43　外壁コンクリートの気泡を潰さずに塗装仕上を行ったが塗膜が剝離（築後3年目）

　写真 - 43 は，下地の気泡による孔を気にかけることなく，弾性系塗料で塗装を行って，3年を経過した外壁の一部ですが，部分的に塗膜剝離が発生しており，気泡によってできた孔に浸入した雨水の影響と思われます。塗料が弾性系でない場合，気泡の上に被った塗膜は，時間の経過とともに破断する可能性が高く，また小さな気泡は塗料をかけても孔の中には塗料が入らないので不完全な塗装工事になります。

　コンクリート外壁の樹脂モルタルしごきは，型枠のひずみを修正するだけでなく，気泡を完全に潰し，いわゆる平滑仕上を行うのでなければ，塗膜管理は不可能です。外壁しごきを行う頃には，すでにコンクリートの収縮ひび割れが発生しているわけですから，ひび割れの補修は，しごき施工前に実施すべきは当然であります。

13 外壁タイル張り

　近年，45 2丁掛けと称するユニット式タイルを，コンクリート軀体に直張りする工法が全盛ですが，剥落事故の発生事故を大変危惧します。

　現に，ここ数年，外壁タイルの剥落件数が増加しているのが実態ですが，人身事故に至らなかったので，マスコミを騒がすことが少なかったのです。

　さて，外壁にタイルを張る仕上げとは，コンクリート軀体の耐久力を向上させ，建物を高級化する方法であって，単に見栄えをよくするためにタイルを張るという考え方は，本末転倒といわなければならないのです。

　長い年月の間，剥離しにくいタイル張りを行うには，タイル工事を吟味するだけではなく，軀体コンクリートの設計と，施工において，最大の努力を払うことが前提条件です。いい加減なコンクリートに，どのようにタイルを張ろうとも，タイルが長持ちすることはありません。施工の基本を踏まえないタイル張りは，経年とともに剥離が増大するので，危険を防止するための保全には，驚くべき多額の費用を必要とします。やがてユーザーの負担において，タイル剥離防止の本格的な修繕ができるのでしょうか。

　筆者は，平均的なマンション建築のように，低廉安価に造ることが至上命令である建物に，タイルを張るのは間違いだ，とさえ考えます。

　外壁タイル張りの基本の第1は，軀体コンクリートそのものにあり，第2は，接着力のあるタイル張り施工，第3は，タイル裏に水

が回る納まりを避けることにあるので、設計と施工それぞれが守るべき規範について述べることにします。

(1) 設　計

① 軀体コンクリートの収縮ひび割れを、極力少なくするよう、単位水量の少ないコンクリートを指定する。
② 外壁の配筋は、すべてダブルとする。したがって、壁厚は15 cm 以上となる。
③ タイルは吸水率が小さく、裏足の十分にあるものを選定する。
④ バルコニーの手摺壁は、タイル張りとしない。
⑤ パラペット笠木周囲や、サッシ、換気口周囲から、コンクリート軀体内やタイル裏へ雨水が浸入しない納まりとする。

(2) 軀体コンクリートの施工

① 均しコンクリートの水平度を上げ、鉄筋組立の精度を確保する（鉄筋の被り厚）。
② 外壁コンクリートの打ち上がり精度が±5 mm 以下となるような型枠締め固め方法の採用。
③ コンクリート打継部のレイタンスの除去、ならびに清掃の徹底。
④ コンクリートにコールドジョイントを発生させない打設計画の策定。
⑤ コンクリートの打継面に、富調合モルタルの使用。
⑥ 密実なコンクリートとなるよう、突き固めの重視。
⑦ サッシならびに換気ダクトと、外壁仕上面の納め方の研究

と，外壁貫通部を含め，隙間を残さないモルタル充塡の具体策策定。

　施工の条件は上記のとおりで，これを要するに，健全な外壁タイル張りのために必要な軀体コンクリート等の品質は，多くの意味で高級品であるということになります。

(3) タイル下地

① サッシの詰めモルタルに隙間がないことを確認する（サッシの下枠は，サッシ取付け前に詰めモルタルを先行させておく）。

② サッシの水切は，開口部ダキのタイル面に 15 mm のみ込む長さとし，小口ふさぎ板全周溶接のものを取り付け，詰めモルタルに隙間がないことを確認する（詰めモルタルは，無収縮モルタルとし，型枠を取り付け，端部より流し込む方法とする）。

③ タイル下地こしらえモルタル塗り前に，軀体表面について必ず高圧洗滌を行う（このとき，流下する水の汚れは想像以上である）。

④ 下地こしらえモルタルは，モルタル乾燥後，全面について浮き範囲を検査し，モルタル浮きがなくなるまで検査を繰り返す（初回の検査で，タイル面積の 3％以上のモルタル浮きがあるものです。したがって，この検査を省くことはできない）。

(注)　下地こしらえのモルタル塗は，次の順序で行い，1 回のモルタル塗厚は 7 mm までとする。1) コンクリート軀体高圧洗浄，2) つけおくりモルタル塗＋　3) 下地こしらえモルタル塗＝厚 10 mm

(4) タイル張り

　タイルは，寒冷地用のものは吸水率2％以下の磁器質のものから選定します。せっ器質のものには，吸水率が高く，耐凍害性の劣るものがあるので，必ず吸水率を確認し，メーカーの凍害試験データを確認のうえで選定する必要があります。

　近年盛んに使用されている45 2丁掛タイル（18枚1組のユニットタイルで，施工法はモザイクタイルの範疇のもの）のように薄くて裏足も少なく（裏足とも7～8 mmのものが多い），目地も小さいのは，張り方におのずから制約があり，且つ，目地モルタルの水密性に期待できないので，浮きが発生しやすく，根本的な補修もむずかしいのです。

　タイル張りを長持ちさせるには，裏面に蟻足があり，厚さ12 mm（裏足とも）以上のものを選び，タイルが張られたとき，隙間ができないよう，タイルの裏面にモルタルをのせて張り付ける，いわゆる改良積上げ張り（張りしろはタイルとも20 mm程度）が接着力に優れています。施工性は小口平サイズのものがよく，タイルが大きくなると，タイル張りモルタルに隙間ができやすいので，タイル選定前に施工側とのすり合せが必要です。

　最近，タイルメーカーは，ビブラート工法と称し，先にモルタルを塗っておいてからタイルを押し付け，特殊な工具で衝撃振動を与える方法を推奨していますが，実験の結果，前記の方法より，接着力が劣ることがわかりました（表‐4）。この差は，前者が，タイル裏面にモルタルをのせたとき，タイル裏面がある程度濡れるのに対し，後者の方法は，濡れが少ないことによるものと思われます。

　タイル張りは，最高の技術をもって施工したとしても，接着のメカニズムの1つの側面として，接着面に空気が残り，常温下では1

表 - 4　ビブラート工法と改良積上げ張り工法の接着力（小口平タイル）

	ビブラート工法			改良積上げ張り工法		
	引張力	接着面積	引張強度	引張力	接着面積	引張強度
No.1				830 kg	9.4×5.85＝54.99 cm²	15.09 kg/cm²
2				800 kg	9.4×5.75＝54.05 cm²	14.80 kg/cm²
3	620 kg	9.4×6.5＝61.11 cm²	10.14 kg/cm²			
4	730 kg	9.4×5.85＝54.99 cm²	13.27 kg/cm²			
平均	675 kg		11.71 kg/cm²	815 kg		14.95 kg/cm²

（注）　引張テストに先だちタイル目地は切断した（タイル張付け89.8.3　引張試験89.8.31）。

枚，1枚のタイルが，一様に接着することはないのではないかと思われます。

　また，タイル張りの検査を厳格にやればやるほど，後からタイル浮きが出るといわれるのも，一旦接着したタイルに振動を与えて，接着力を弱めるからにほかなりません。

　タイル張りの精度については，人格，技量とも優秀な職人を選定し，それにまかせるより方法はないのです。

　我々は，いつの間にか，外壁タイルは15年も経てば剝離するのが当然，と思い込むように慣らされている傾向があります。

　しかし，築後，すでに30年を経過した地上5階建，延床面積11,000 m²の事務所建築の外装タイルで（磁器質，小口平，竪・横目地はすべてモルタル目地）現在までに1度も補修の経歴がなく，現在なお健全な例もあるのです。

　タイルは，タイル自身の接着力半分，目地モルタルの接着力半分でもつといわれ，下地も含めて，技術的な検討が十分なされたうえで張られたタイルは，目地モルタルが健全である間は，なかなか剝落しないのです。

逆のいい方をすれば，安易にタイル張りを行えば，材齢のいかんにかかわらず，剝離事故が発生することを肝に銘ずべきです。

(5) 外壁タイル張りにかかわるその他の問題
① 外壁コンクリートひび割れ誘発目地と目地シール

　外壁コンクリートに目地を作るには，型枠に目地棒を取り付けてコンクリートを打設し，型枠脱型後，コンクリートの硬化具合を見計らって，目地棒を撤去しますが，撤去した後の状態は，コンクリートの回り込みが悪かったり，目地周辺のコンクリートが欠落したりすることが多く，左官の手によって補修するのですが，このことが禍いして，シール打を行っても，接着がよくない部分や，数年後には，目地補修跡のモルタルにひび割れが発生することが，間々あります。

　しかも，誘発目地を作っても，外壁コンクリートの片面だけであれば，ひび割れはその位置だけに集中するとはかぎりません。

　また，シール材をモルタルこしらえの目地に打った場合，接着すべき面に100％接着するとは考えにくいのです。

　シール材は，常時，紫外線などにさらされているとき，劣化が早いのですが，タイル面の伸縮調整目地のように，膨大な量に達するシール材を，数年経過したとき，打ち替えるマンションの所有者が，果たして存在するでありましょうか。

　仮に，打替えを試みるとして，スムーズに撤去できるものもあれば，撤去が困難な部分もある。また，メーカー名さえわからない既存のシール材を，除去できない部分を残して，新規のものを打つことが許されるのかどうか，モルタル滓だらけの目地内のことでもあり，その適否の判断は不可能と思われます。

在来のシール材を，後くされがないように奇麗に除去するとなれば，カッターを使用して，タイルの一部も含めてカットするしかないことになります。

　このように，タイル目地にシールを打つことは，後日に大きなツケを残すことになるのです。45 2丁掛けの場合，目地深さはタイル厚より若干小さいので，目地シールを打ってもその厚さは4〜5mmであり，したがって劣化が早い。このような厚さのシールでは，10年後には，かえって雨水の水みちになります。

　15年経過した外壁タイル面の水平目地シールの界面に，苔が生えている例があります。目地シールに苔が生えてるということは，かなり以前から，シールの界面に水分が滞留する状態が続いていたことになります。

② 外壁タイル浮きの原因について

　タイルや，タイルを張ったモルタルが，当初から浮いているものや，接着力の弱いものは論外として，その後のタイル浮き（下地モルタル浮きも）の最大の原因は，タイル裏側に水が回り込むことにあります。浸水した水は，外壁コンクリートの堅・横のひび割れや，コンクリートの粗雑な部分に入り込み，水みちを作って流下します。その過程で水が凍結するときもあります。

　浮いているタイルを剥ぎ取ってみると，堅型ひび割れに沿って水が流下したあとが残っています（写真 - 44）。注意深く考えなければならないことは，一旦浸水した箇所には繰り返し浸水し，やがて水みちとなってタイル剥離を拡散するという事実です。

写真 - 44 外壁コンクリートのひび割れに伴いタイルにもひび割れが発生して雨水が浸入。すでに水みちが生じ，これに沿ってタイルが浮いていたので撤去（築後14年目）

③ タイル浮きの調査

　外壁タイル浮きの修繕工事は，建物竣工後13・14年目頃に行うのがよいと考えます。タイル浮きは，地域によっても，建物によっても，差があると思われますので，一概にいえませんが，築後10年目をすぎてから徐々に始まり，15年目には外壁タイル面積の6～7％に達する例が多いようです。

　調査方法は，修繕工事の前年にゴンドラを吊り，タイルを1枚ずつ打診して，調査図を作るのが一番で，これをやらなければ，工事予算を作るほどの精度ある調査はできません。この調査は，東西南北の各1/2について行って，全面積に換算しても，大きな

誤差とはならないと思います。

工事予算としては調査によって、算出された面積に、1割のロスを見込むべきです。作業の際に、周辺のタイルも剥がれる可能性があるからです。

14 マンション建築に使用されている屋上防水について

マンションの屋上防水には、使用材料によって、下記の4種類がありますが、アスファルト防水以外のものは、屋上防水としての歴史が浅く、現時点で評価を加えるのは適当でないと思われるので、今回はアスファルト防水にかぎってその特性を述べることにします。

1) アスファルト防水　　2) ゴムシート防水
3) 塩ビシート防水　　　4) ウレタン塗膜防水

アスファルト防水

アスファルト防水は、日本において90年の実績があり、各種防水材の中で圧倒的に多く使われており、近年、材料の品質は、格段の改良が図られています。

アスファルト防水には、材料の内容によって、

①熱工法と常温工法、②密着工法と絶縁工法があります。また、施工の内容によって、③露出防水と防水層押えがあります（③のいずれにも断熱防水がある）。

① 熱工法と常温工法

　熱工法は，従来から広く行われている方法で，現在でも新築物件の大部分は，この方法がとられていますが，この方法の欠点は，アスファルトを溶かすとき，刺戟性のガスを出すので，建物修繕のように，すでに周囲が建て込んでいるときは，周辺住民の同意をえられないおそれがあります。

　これに対し，常温工法は，ルーフィングに含浸させてある改質アスファルトが，下地，あるいは上下のルーフィングに接着できるように作られていて，ルーフィングの重ね部分をトーチで加熱するとき，若干煙が出る程度ですから，屋上防水のやり替えのときに採用しやすい方法です。

　ただし，この方法は，材質の関係上，単価は，熱工法の約5割増しになりますが，環境対策上，需要が増大するものと思われます。

② 密着工法と絶縁工法

　密着工法は，防水層の第1層目から，溶融アスファルトを使って下地に全面密着させる方法ですが，後日，防水層に膨れが発生するのが欠点です。その原因は，水分を含んだ下階の空気がコンクリート床版を透過して，防水層の接着の弱い部分に浸入することにあり，気温や直達日射の影響によって，より一層膨らみますが，この状態が直ちに，漏水につながるわけではありません。最初の防水工事のときに，50m^{2}に1個ほど，脱気筒（ステンレス製）を取り付けておけば，大幅に改善されます。

　絶縁工法は，防水層の第1層目に使用する特殊なアスファルトルーフィングによって，全面的に接着しません。したがって，膨

れが，分散されるのですが，防水層の下へ水が浸入したときは，低いほうへ大きく広がるのが欠点です。

　密着工法の場合は，雨水が，浸入しても広がることはなく，一部分で止まりますから，手当は簡単です。

　以上は，いずれもひら面に対する施工法の話です。パラペットなどの，立上がり面は，いずれの場合も密着工法になります。

③　露出防水と防水層押え

　防水層に，コンクリートや砂利で押えを行うと，防水層のひら面が紫外線の影響を受けない分，防水層のやり替え時期は遅れますが，押えがコンクリートの場合，これを除去することは，工事の騒音，震動，費用などの面から合理的でないので，押えコンクリートを残し，その上から露出防水を行うことになります。

　また，防水押えが豆砂利のとき，多くは，風に飛ばされないようアスファルト乳材で固めてありますので，下層の砂利が，防水層表面に喰い込んでいるのが実態であり，既存の防水層を傷めずに，砂利を撤去することは不可能です。できれば，ひら面の既存の防水層を残したまま，新規の防水を施工するほうが望ましいのですが，やむをえず既存防水層をすべて除去したうえで，新規防水を施工することになります。

　したがって，防水層に押えとして，コンクリートや砂利をのせるのは得策とはいえません。歩行用として押えを必要とするときは，$500 \times 500 \times 10 \, mm$のゴムマットを両面テープで敷き込む方法が簡便です。

　ただし，屋上駐車場のように，自動車が走行する場合は，コン

クリート押えが必要になりますので，防水層をやり替えるには，押えコンクリート撤去から始めることになります。

市街地では，近隣の火災の影響を受けることを考慮するならば，立上がり面は，防火塗料塗り，ひら面は，コンクリートでなくても，砂利撒き（3～5 cm，アスファルト乳材なし）にするのがよいでしょう。

2．体質改善工事

本章では，第1章で述べた各種の劣化現象に対して，その修繕の考え方や，修繕方法について述べることにします。

マンション建築は，一般に，建設が行われた時点において，すでに長期保全上支障となる諸々の弱点をもっているものでありますし，建物を構成する建築材料には，それぞれ耐久性能があります。したがって，建物を長期にわたり（筆者は60年以上と考える），その資産価値を維持するために，一定期間ごとに修繕を行うのは当然なことですが，第1回目の修繕を行うときに，建設当時の設計内容と施工グレードについて評価を行い，目標とする建物保全期間に適わない材料や工法について，見直しを行うべきであり，単に塗替えや，取替えではなく，所謂，建物の「体質を改善する工事」と考えることが肝要であります。

以下に，第1章の順序にならい，体質改善工事の考え方，設計監理，施工上のポイントについて述べます。

1 外壁等の竪型ひび割れ

竪型ひび割れは，躯体コンクリートが温度変化の影響によって伸縮するとき，または，建物に震動が加わったとき，ひび割れもまた動きます。したがって，ひび割れをエポキシ樹脂注入などによって接着させるのではなく，ひび割れを含むコンクリート部材の挙動に順応できるように補修します。

外壁仕上が，良質なアクリル弾性塗料で，最低塗膜厚管理を行うことが，条件になっている場合は，ひび割れ幅(a) 0.5 mm 以上と，

(b) 0.3 mm≦0.5 mm に分けて処置し，0.3 mm 未満のものは特に処置はしません。

(注) ひび割れ幅 0.2 mm を超えると，雨水浸入の可能性があるといわれているが，0.2 mm≦0.3 mm のひび割れまでを拾い出して雨水浸入防止の処置を行うとすると，その長さは，一般に膨大なものとなり，これを修繕工事対象とすることは実際的でない。
したがって，外壁仕上に広く使用されている吹付タイルの場合は，塗膜の伸張は期待できないので，ひび割れからの雨水浸入を断つことはむずかしい。

[補修方法]

(a)の場合

① ダイヤモンドホイルにより，深さ 12 mm×幅 10 mm に U 型カット，切粉清掃。カットの末端も，ダイヤモンドビットにより 12 mm の深さを確保する。

② プライマー塗布のうえ，2 成分型変性シリコンシールを深さ 9 mm まで充塡し，シール表面に，珪砂を散布する。

③ シールのゴム化具合を見計らって，SBR モルタルで埋め，整形する（厚 3 mm）。

(注) 1) SBR=Styrene Butadiene Rubber（ゴム系樹脂）
2) U カット・シール打だけでは，後日補修跡が目立つ場合がある。
3) SBR モルタルが薄くなると，仕上の弾性塗料にひび割れが発生する可能性がある。

(b)の場合

在来塗料を除去し，残滓等を清掃したうえで，ひび割れ補修用アクリル高弾性塗料を，ひび割れの上から幅 6 cm で 2 回塗

りとする（塗膜厚 0.45 mm）。

2 外壁等の横ひび割れ

躯体コンクリートの横ひび割れには，下記の 2 種類があり，いずれも雨水浸入の可能性が高い。雨水が浸入したとき，ひび割れの状態によっては，保水量が多く，寒冷地では，冬期において，ひび割れ内で凍結し，気温上昇とともに室内へ漏水する例があります。
① コールドジョイントによる横ひび割れ
② コンクリートの水平打継部接着不良による横ひび割れ

［補修方法］

エポキシ樹脂低圧注入法（ボンドシリンダー工法，スクイズ工法など）により接着させる。注入深さは，外壁コンクリート面より 10 cm まで，且つ壁厚の 1/2 を超える範囲までとする（写真 - 45）。

(注) 1) 注入箇所が湿潤状態であるときは，湿潤用エポキシ樹脂を使用する。
2) コンクリート水平打継部に，鋸屑，木片，断熱材，その他の夾雑物が混入している場合は，コンクリートを斫ってこれらを除去。また鉄筋腐食があるときも，斫り出し，正しい処置を行ったうえでの型枠付け，水湿ししてから無収縮モルタルを注入する工法に替える。

写真 - 45 外壁の横ひび割れ（コールドジョイントによる場合）に対し，エポキシ樹脂低圧注入（ボンドシリンダー工法による場合）で施工

③ 鉄筋腐食──軀体コンクリートの鉄筋腐食

　鉄筋に錆が発生している箇所は，錆のない部分まで斫り出し，完全に錆落しを行って，周囲のコンクリートに修復用アルカリ付与材を塗布し，隙間が残らないよう丁寧に埋め戻すことが必要です。

［補修方法］
① 鉄筋に対するコンクリートの被り厚が不足しているときは，9〜10 ϕ の鉄筋は，四周錆落しを行ってから，叩き込み，修復用セメントペーストと樹脂モルタルで隙間が残らないよう埋め

戻します。13 ϕ のときは，若干加熱して叩き込む。16 ϕ 以上になると叩き込むことが困難になるので，錆落し以降，所定の処置を行った後，目標とする被り厚が得られるよう樹脂モルタルでふかします。状況によって，ウエルドメッシュを使用することも考慮します。外壁に一部突出する部分ができることになりますが，意外に苦にならないようです。

② 前記 ②-(注)2) の場合は，一般に鉄筋腐食が重度に進行している場合が多いので，錆落しが完全にでき，且つ夾雑物も一掃されるまで，コンクリートを斫ることが大切ですが，往々にして，外壁コンクリートが貫通してしまうことがあり，事後，無収縮モルタル注入のための内側型枠取付け（断熱材吹付け）など，むずかしい作業が残ります。

③ 鉄筋が腐食によって断面欠損となっているときは，その程度と構造上の位置付けによって，取替えか否かの判断が必要となります。

(注) 鉄筋錆落しのためのコンクリート斫りは，鉄筋の裏面に指が入る深さとする。

4 コンクリート脆弱部

外壁等のコンクリートには，当初からコンクリートがバサバサで密度が低く，経年により脆弱化している部分が意外に多い。このような部分は，雨水の影響を受けやすく，10年経過でもコンクリート

強度が低く，結果として周囲の鉄筋を腐食させている例があります。

[補修方法]

部分斫り，高圧洗滌，腐食鉄筋処理のうえ，型枠取付け無収縮モルタルを注入します。

5 コンクリートの水平打継部

第1章で述べたように，コンクリートの水平打継目地の部分は，非常に問題の多い部分であり，したがって，状況に応じたきめ細かな修繕が必要となります。

① 目地周囲のコンクリート充填不良

化粧目地には，一般に，硬質塩ビ製の目地材を使用するのですが，目地材裏面のコンクリートに，ジャンカが多く発生しているのが実状です。目地材の形が，コンクリートには精緻すぎるので，打継部には，富調合モルタルを流してからコンクリート打を行うのでなければ，なかなかうまくいかないものです。

一般に，化粧目地の深さを2 cmとするものが多いのですが，今から10年以上前の日本建築学会制定の標準仕様書では，鉄筋に対するコンクリートの最小被り厚は，耐力壁でない外壁において3 cmと規定されていて，コンクリートのふかしを1 cm加えたとしても，目地の部分での被り厚は2 cmにすぎず，実際は施工誤差があるので，被り厚1 cm以下の部分もできるのは当然で

② 目地周辺の鉄筋腐食

また，水平化粧目地部は，コンクリートの水平打継部でもあり，前記②に述べたように，夾雑物混入による弱点が散在するのに加え，型枠脱型時に破損した目地周辺のコンクリートを，モルタルで補修する関係上，雨水が浸入するような隙間が多く，したがって，鉄筋腐食の可能性が非常に高くなっている部分です。

化粧目地に孫目地をこしらえたものは，さらに目地が深いわけですから，シール打を行ったとしても，10年後には間違いなく鉄筋腐食が発生していると考えるべきなのです。

[補修方法]

このように，建物長期保全上，問題の多い水平化粧目地は，新築工事の際，必要なものとしても，建物ができてしまった後は，必要のないものでありますから，夾雑物を除去し，鉄筋腐食の錆処理，ジャンカの補修，ひび割れの補修などを，しっかり行ってから埋めるべきです。目地埋めは，まず，水湿しをしてからカチオンペーストを塗り，SBR樹脂モルタルを2回に分けて，隙間がないように埋めます。コンクリートの斫りしろが大きいときは，型枠を取り付けて，無収縮モルタル注入とするのがよい方法です。

なお，外壁塗装の際，この目地部分は幅30〜40 mmだけ模様をつけないでおけば，目地があるように見えますので，塗装の塗継ぎに不便がありません。

外壁がタイル張り仕上の場合は，当該部分のタイルを剝がした

うえで、修繕を行うことになりますので、補足用タイルの用意が必要であり、工事の内容が複雑になりますので、根本的に修繕レベルの見直しが必要です。

6 アルミサッシ周囲の漏水

(1) アルミサッシ枠詰めモルタルの隙間

　アルミサッシの上・下枠、特に下枠は、その断面の形状から、サッシを取り付けた後にモルタルを詰めても、隙間ができます。この部分は、モルタル詰めを先行しておいて、サッシ取付けを行うべきものですが、そのような例は見当たりません。

　したがって、サッシ下枠裏側にモルタル詰めを行っても、隙間が多く、冬期の低温時には結露が発生します。結露水の凍結融解の繰り返しは、詰めモルタルや、躯体コンクリートに凍害による強度の低下をもたらし、下枠下からの漏水が発生することがあるので、第1回目の所謂、体質改善工事の際に、正しい修繕を行うべきです。

［補修方法］

　　サッシ枠の断面が複雑なので、隙間埋めは、粘度の高いエポキシ樹脂を、斜め下方から注入する方法となります。施工は、熟練した職工の手によるのでなければ、樹脂を室内側へ漏らしてしまう危険があります。

　　この方法は、サッシ外側の水切を取り外した状態で行いますから、事後水切板を新規のものに取り替えることになります。

(2) 水切板の寸法不足と取付け不良

　水切板の製作寸法が小さいものを使用した場合に発生する障害と，取替えを行う理由について第1章 6 に述べましたが，ここでは，水切板を取り付けた後の無収縮モルタル注入方法について述べることにします。無収縮モルタルは，プレミックスタイプのものとします。

［補修方法］

　　注入ホースは，内径25～30 mmの透明ビニールホースを使用します。

　　新規水切板の下を清掃して，t 12ベニヤ板の型枠を取り付けます。型枠には，あらかじめ，ホース取付孔を両端にあけておきます（孔の一方はエアー抜きを兼ねる）。型枠上部に，水切板前垂れとの間をふさぐ飼いものを取り付けます。

　型枠にホースを取り付けて，漏れ止めシールを打ち，ホースから注水して打継面の水湿しを行い，水切れ具合を見て型枠周囲のシールを打ちます。ホースの長さは，注入量により加減しますが，一般に60 cm程度とします。

　水切板の上に養生板を当て，軽く打撃を与えながら，無収縮モルタルを注入します。

　連窓の場合は，詰めモルタルの厚さにもよりますが，2 m内外ごとにホースを取り付け，片押しで注入します。あらかじめ，5.4 mごとに無収縮モルタルで仕切を設けておくのもコツの1つです。モルタル注入硬化後，隙間の有無を打診により検査して完了します。

　また，水切板に継目があるときは，シールは，目地内に詰める

のではなく，オーバーラップシールとしなければなりません。

(3) 連窓サッシ方立内結露対策

　一般の連窓アルミサッシは，標準型のアルミサッシの最大幅が1.8 mなので，1.8 m以内に分割して組み立てたサッシを，方立材を使用して連結したものにすぎないのです。方立内部は半閉塞状態であり，周囲の温湿度の条件しだいで，方立内に結露が発生しやすくなります。また，方立の部分は，上，下にアルミ枠はなく，方立内で発生した結露水は，少しの抵抗もなく流下し，外壁を汚染するばかりでなく，躯体コンクリート内へも浸入するのです。

　この方立部分は，その構成上，雨水も浸入する可能性があります。

　方立の下部コンクリート躯体を観察すると，室内側では，エフロレッセンス※を浸出している箇所があり，また外部側では，方立内の水が流出し，汚染した跡を見ることができます。

　このように，連窓サッシの方立部分は，建物長期保全にとって，いわば盲点というべき部分であり，建物修繕の際，見すごすことはできません（サッシメーカーによっては，この部分の底板を用意しているものもありますが，あまり使用されていない）。

(注)　※エフロレッセンス＝コンクリート中へ浸入した水によって，コンクリート中の石灰分が析出したもの。乾燥によって白色粉状となり，建物を汚染する。

［補修方法］

　　在来の水切板を撤去し，方立下のモルタル滓，その他を除去，清掃しておく。新規水切板を取り付け，無収縮モルタルを注入，

硬化してから,方立外面下方に直径 10.5 mm の孔をあけ(下枠上端より約 4 cm 上がりの位置),方立内へ無収縮モルタルを注入し,乾燥後,低粘度エポキシ樹脂を注入してコーティングし,硬化後,外径 10 mm の SUS-304 製パイプを挿入接着します。

なお,出隅,入隅の方立には,方立とサッシの納まりによっては,無収縮モルタル注入が適当でない場合(無収縮モルタル注入の際,部材の接合部から室内側へ漏れる可能性があるとき)があります。そのようなときは,無収縮モルタル注入をやめ,方立内部全体に,発泡ウレタンを注入するしか方法がありませんが,無収縮モルタル注入とは全く違う配慮が必要となります。

7 換気フード下の漏水

換気ダクト外壁貫通部のクレームは非常に多いのですが,クレームの種類ごとに分けると下記の 3 種類に分類されます。
① 室内側へ漏水がある。
② 換気口下方の汚れ,コンクリート凍害。
③ 換気ダクトが逆勾配のため漏水する。

マンションの修繕工事を行う場合,外壁を貫通している換気ダクトの部分は,フードをはずし,フードの材質と劣化状況,形式,ダクトへの取付け方法を調べ,次に,ダクトのサイズ,材質,板厚と小口の腐食状態,外壁仕上面とダクト先端の納まり寸法について調べ,さらにダクト周囲の外壁ひび割れ状況と,コンクリート凍害発生の有無,ダクト周囲の詰めモルタルが,どのように詰められてい

[7] 換気フード下の漏水　77

るか，等について調査をしなければなりません。

　この部分は，建物の機能上，あるいは，保全上，極めて重要な部分であるにもかかわらず，その施工要領が，設計図書に示されていたためしはなく，現場において施工図が作成されることもありません。設備工事の範囲であるからと，建築の担当者が，施工に立ち会うこともありません。

　いわば，建物造りにおける無法地帯ともいうべき部分です。

　このような状況を改めないかぎり，雨水や結露水の局部集中によって，建物に深刻なダメージをもたらす結果になるのです。

(1) 室内側への漏水がある

　外壁に近い位置での漏水の原因で，最も多いのは，換気ダクト外壁貫通部のモルタル詰めの悪さにあります。

写真 - 46　換気ダクト外壁貫通部の周囲の詰めモルタルに隙間ができ，雨水や内部からの結露水が入出（築後10年目）

内径 100 mm のダクトの外壁貫通孔は，150 ϕ が一般で，ダクトを挿入した後，その隙間にモルタルを詰めますが，普通モルタルを使用した場合は，外面から 4～5 cm まで詰められるのがせいぜいでしょう。やがてコンクリートと詰めモルタルの境目にひび割れが発生し，雨水が浸入するようになるのは当然です（写真 - 46）。

[補修方法]

換気ダクト外壁貫通部モルタル詰めの最良の方法は，貫通部コンクリートの両面に型枠を取り付けて，無収縮モルタル注入とすることです。この際，配慮すべき要点は，内側型枠を t 1.2 mm の鉄板製とし，勾配付のダクト受けを付け，ダクトが所定の勾配になるようにすることです。この鉄板型枠は，外壁コンクリートの内側に打ち付け，注入した無収縮モルタルの乾燥を見計らって，断熱材を吹き付けます。

プレミックスタイプの無収縮モルタルの材料費は，260 円/l 程度のものであり，普通モルタルと比較すれば高価ですが，その効果の確実さを考えるならば，決して高い材料とはいえません。

もうひとつ大切なことは，外側型枠に t 12 + 4 mm のベニヤ板を使い，4 mm の板には，ダクト外径大の孔をあけて取り付けます。結果は，ダクトが外壁の樹脂モルタルしごき面より 3 mm 程度出ることになります。

また，外壁内側に型枠を取り付けることができないときは，外壁貫通孔を外側から，円錐型に広げ，モルタルパット詰めを行って内側型枠に替えることになります。この場合でも，無収縮モルタル注入の厚さは，最低 10 cm とすべきです。

(2) 換気口下方の汚れ

換気フードが外壁から突出している以上，フード上に溜まる塵埃が雨とともに流下することによって外壁が汚れますが，そのほかに，下記の原因による外壁の汚染があり，これらが複合することによって，マンションのイメージが損なわれ，周辺の躯体コンクリートも劣化します。

a) 換気フード選定の誤り
　① ダクト内から流下する結露水が，フードから排出されるとき，水切りが悪く，外壁に垂れ下がる。
　② フードの板の接合部に隙間があり，結露水や雨水がフードの裏面へ浸入する。
　③ フードが腐食しやすい。

b) フード鞘管のダクトへの挿入部隙間ふさぎ不良
　① ダクト内を流下する結露水は，外部へ排出されずに，外壁躯体コンクリート内へ浸入し，外壁を汚染し，外壁の鉄筋腐食を発生させる。

c) 換気ダクトの外壁貫通部埋戻し不全
　① 外壁を流下する雨水が埋戻しモルタルの隙間から浸入し，屋内，外へ漏水する。
　② b)と複合しているときは，外壁汚染が顕著に現れ，外壁の鉄筋腐食が発生する。

また，外壁に設けられた換気口の下方には，竪型ひび割れが発生していることが多くあるので，上記a)，b)，c)の現象は，外壁躯体コンクリートの劣化を促進し，鉄筋腐食も発生するので，正しい改修工事が必要です。

[補修方法]

第1章 7 - (2) - (a), (b), (c), (d)を参照。

(3) 換気ダクトが逆勾配のため漏水する

外壁側の梁せいと，ダクト貫通孔との寸法関係が，設計段階で検討されず，現場の施工図でも検討されることもなく，施工が行われた結果，逆勾配となる場合は，ダクトに浸入した雨水も，ダクト内で発生した結露水も，低いほうへ流れ，室内寄りのダクトの接続箇所から漏水します。ダクトにフレキシブルダクトを使用するに当たり，不注意な施工をしたときも，接手から漏水します。

[補修方法]

ダクトが逆勾配になる原因は，ダクトに直交して給水管などが配管されている場合がありますが，給水管の配管替えを行っても，換気ダクトの勾配確保を優先しなければなりません。

また，外壁の貫通孔を下げたいが，梁の鉄筋に当たる場合，外壁貫通孔を下方へ移動することはできません。この場合は，ダクトを浴室天井まで逆勾配にやり替え，浴室内ダクトに水抜きを設けることになります。

(4) ダクト材質について

浴室，ならびに厨房の排気系統のダクトに，亜鉛鍍金鉄板製のスパイラルダクトを使用している例が多い。これらのダクトには，低温時，結露水が発生して流下することもあり，築後10年経過でダクトの先端部が腐食している例が多く，外壁面から1〜1.5 cmが欠損し，継足しが必要な場合も珍しいことではないのです（写真‐47）。

7 換気フード下の漏水　*81*

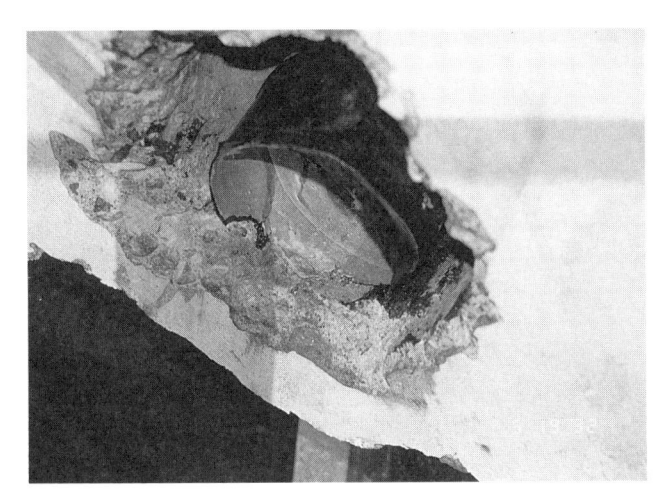

写真 - 47　鉄板製スパイラル換気ダクトの先端が腐蝕し，約1.5cm短くなっている部分あり（築後11年目）

　ダクト内に結露が発生する範囲だけでも SUS-304 製のダクトにすれば解決する問題なのです。

[補修方法]

　鉄板ダクトの先端が腐食しているときは，その部分を切り取り，ダクトの小口をエポキシ樹脂で保護した後，SUS‐304 t 0.5 の板で在来ダクトより 3 mm 大きいダクトを製作，必要長さに切断，在来ダクトの外側から挿入，高粘度エポキシ樹脂で隙間ができないように接続します。ダクトが短い場合も同じ工法をとります。継足しダクトは，外壁しごき面より 3 mm 出すことも大切です。

(5) 換気フードの防虫網について

換気フードに防虫網が付けられた製品を利用すると，意外に早い時期に目詰まりが発生し，内部結露や黒黴発生の原因となることを，第1章 7 で報告しました。換気口はガラリだけにして防虫網を設けることをやめなければなりません。しかしながら，敷地付近に 河川，湖沼などがある場合は，多様な昆虫が発生するので防虫網が必要となりますが，取り外し可能なものを使用し，年1回は取り外して清掃を義務づけるくらいの用意が必要です。

8 バルコニー床の漏水補修

(1) 防水剤入りモルタル塗り

10年経過では，モルタル塗り面積の20～35％が浮いているのが一般ですが，エポキシ樹脂注入によって，浮いているモルタルを止めつけることが防水やり替えの前提条件です。

[補修方法]

　床版コンクリートの収縮ひび割れなどによって，床のモルタルが割れているときは，モルタルを斫り取り，コンクリート床版のひび割れに対し，Uカット，弾性エポキシ樹脂充填（6×6 mm）を行ってモルタルを復旧します。

　床排水口，避難ハッチの周囲も，在来埋めモルタルを深さ6 cm程度斫り取り，カチオンペースト塗りのうえSBRモルタルでしっかり埋め直します。なお幅木上に目地シールがある場合は，

シールを撤去してから樹脂モルタルで目地整形を行います。

この工程まで進んでから，十分清掃を行いウレタン塗膜防水に移ります。ポリウレタン塗膜防水は，主材 $2.0\,\mathrm{kg/m^2}$，トップコート $0.3\,\mathrm{kg/m^2}$ を使用するのが標準ですが，どちらの材料も2回塗りを守らなければなりません。1回塗りでは耐久性能が劣ります。この仕様で膜厚は $1.6\,\mathrm{mm}$ になりますが，一般には膜厚が薄く，10年経過しないうちに漏水する例が多いようです。

(2) ポリウレタン塗膜防水

ポリウレタン塗膜防水も，10年経過したとき，膜厚に不安がなくても増し塗りが必要です。

[補修方法]

在来防水塗膜に傷や剝がれた部分があるときは，その部分を補修してからプライマー，主材，トップコート塗りを行います。前回の防水層に基本的な問題が発生していなければ，プライマー1回，主材を $1.0\,\mathrm{kg/m^2}$（1回塗り），トップコート $0.3\,\mathrm{kg/m^2}$（2回塗り）とします。主材が健全であっても，トップコート塗りだけでは接着性が弱いのです。

幅木上に目地があるときは，目地内も幅木同様にしっかり防水を行います。

(3) 床，幅木に防水が施されていないとき

防水下地がコンクリート打放し，金鏝仕上となっていて，防水が行われていない場合，または，一部分しか防水が行われていない場合は，幅木部分を含め床全面に塗膜防水を行います。

[補修方法]

床のひび割れで、ひび割れ幅 0.5 mm 以上 1 mm 以下のものは、(1)にならいUカット、弾性エポキシ樹脂充填のうえ、ウレタン塗膜防水を行います。

幅木のモルタルが浮いている部分、ならびに床排水口、避難ハッチ周囲の下地補修は(1)にならいます。

(注) 防水下地がコンクリート打放しとなっていて、コンクリート表面に気泡の跡が発生しているときは、カチオンモルタルでしごくか、気泡が小さいときは、プライマー塗布後、ウレタン主材で平滑にする。

9 バルコニー避難ハッチ周囲の補修

バルコニー避難ハッチ周囲が、隙間なく埋められていた例は少ないのです。この部分に隙間があったのでは、床の防水をやり替えても、責任ある施工とはなりません。

したがって、床防水の前提として、ハッチ周囲は、床仕上面から 6 cm くらいまでの詰めモルタルを斫り、防水剤入りモルタルで埋め直すことが必要です。

[補修方法]

枠四周の詰めモルタルは、床仕上面から 6 cm くらいを斫り清掃、枠の錆ケレン清掃のうえで、カチオンペースト塗りのうえ、SBR モルタルタルで隙間なく埋め戻し、表面を整形してから塗膜防水を行

うのですが，防水層はハッチ枠の上端まで施工すべきであり，床面と枠が取り合う位置で，防水層を止めないことが大切です。

防水層を枠に立ち上げて施工しているのに，その入隅で防水層が破断している例が多いのですが，この部分は，特に入念に施工すべき部分です。

ハッチ枠の錆が大であっても，その部分によっては切り貼り可能なこともあるので，斫る前に，金物職人に相談することも必要です。

避難ハッチを新規に取り替える場合は，アンカー溶接後，下面に型枠，支保工取付け，無収縮モルタルを注入する方法を採用すべきです。

(注) バルコニー床排水金物の周囲も，本項にならって周囲を斫り，埋戻しを行う。

10 バルコニー手摺壁の劣化

手摺壁がコンクリート凍害によって，コンクリート強度が低下し，コンクリート片が欠け落ちることが予想される場合は，当該部分のコンクリートを欠き取って，新規に打ち直すことが必要です。コンクリートにひび割れが多く発生しているときは，強度低下を疑ってみるべきです。

寒冷地において，手摺壁のように降雨（雪）時，いつも雨に濡れるようなコンクリートの部分は，コンクリート内へ水分が浸入しな

いように防護しないかぎり,いずれコンクリート凍害による強度低下を免れることはできないと考えなければならないのです。

最近新築されたマンションには,降雨(雪)に対して何らかの防護策を考慮していないものが多いのですが,時期を失しないうちに手を加えなければ,やがてバルコニーを捨てなければならないことを危惧するものです。

(注) バルコニーの手摺壁コンクリートが欠け落ちる程劣化しているかどうかはテストハンマーの打診で判定できる。
　　また,アルミ手摺の支柱が,コンクリート手摺壁の上端に埋め込まれている場合は,埋込部に雨水が浸入していると考えなければならない。雨水が浸入しないよう改修したうえで,防護策を講じなければならない [第1章－10 参照]。

[補修方法]

(a) 手摺壁コンクリートの劣化部を打ち直した場合,またはコンクリート強度が低下していなくとも,凍害による劣化を予防する方法としては,良質なアクリル弾性塗料※を,膜厚管理のもとに塗る方法が経済的且つ簡便です。

(注) ※アクリル弾性塗料塗り－14 外壁塗装の項で後述

(b) アルミ手摺支柱埋込部は,まず数カ所について,幅 18 cm×深さ 8 cm×壁厚の寸法で,コンクリートを欠き取り,劣化の状況を確認します。そのうえで支柱埋込部のコンクリート斫り寸法を決定します。

　支柱部のコンクリートをカッターを使用して欠き取り,アン

カー用鉄部の錆ケレン，アンカー溶接もれの部分は，溶接を行ったうえで，化成被膜処理を行う。アルミ支柱埋込部はナイロンたわしでケレン，乾布拭後，コンクリートカット部を，エアーブローで清掃して，t12ベニヤ型枠を取り付け，コンクリートに水湿しを行ってから無収縮モルタルを注入する。

　無収縮モルタル硬化後，手摺支柱下部に（コンクリート上端より6〜8cm上り，支柱下部の鉄製補強用角パイプの高さによる）径10.5mmの孔をあけ，無収縮モルタル注入，硬化後，さらに低粘度エポキシ樹脂を孔下端まで注入コーチングし，硬化後，外径10mm SUS-304製排水パイプを取り付け，支柱内に浸入した雨水を排水できるようにするのです（写真-48）。

　アルミ手摺は，手摺笠木交差部と，ジョイント部からかなり

写真-48　アルミ手摺支柱の基部コンクリートを斫り，錆ケレン，清掃のうえで無収縮モルタルで埋め戻し，さらに手摺支柱下部にも無収縮モルタル注入。そこでエポキシ樹脂コーティングを施し，SUS-304製の排水パイプを取り付ける

の量の浸水があり，また竪横材固定用のビス孔から浸水することもあります。支柱材が1本ものの角パイプでなく，組合せでできているものは，材の合わせ目からも浸水します。

手摺が鉄製のときは，材の肉厚があり堅，横部材の接点が連続溶接されていて，孔がなければ，安全ですが，コンクリート手摺壁の支柱埋込部には，雨水が浸入しているものと考えなければなりません。

11 排水通気末端金物

第1章で述べたとおり，ベントキャップ型のように外壁に取り付くものは，外壁を汚染し，流出する結露水が外壁コンクリート劣化の原因ともなります。したがって，屋上に立上げる型式のWPJ-WL型に取り替えるべきです。

最近は，各階のプランが2戸1と称する廊下のないものが多く，排水管も各所に立ち下がっていることが多い。したがって，住戸の天井裏で屋根床版に穿孔せざるをえませんが，天井の復旧費をかけても，屋上立上型に取り替えるべきです。

[補修方法]

天井内調査により，通気管立上げのおおよその位置をきめ，屋上から鉄筋探査器で屋根床版内の鉄筋と，電気等配管位置を調査しておきます。

天井内で，通気管立上げ位置に，ダイヤモンドドリルで芯決め

用小孔をあけます。天井内と，床面に養生シートを敷き，屋上からダイヤモンドコアで穿孔しますが，そのサイズは管径 100 A のとき，160 φ とします。

　天井内で在来配管を屋上へ立ち上げ，管周囲に無収縮モルタルを充塡し，硬化してから WPJ-WL を取り付けます。

　天井内新規配管は，防露を行ってから，コンクリート床版の断熱材を発泡ウレタンにより補修。屋上防水の補修と，WPJ-WL の立上がり防水を行います。

　不要となった配管は撤去し，外壁コンクリートの孔埋めは，型枠を取付け無収縮モルタルにより行った後，断熱補修を忘れずに行います。

12 外壁塗装仕上下地のモルタルしごき

　塗装下地樹脂モルタルしごきの目的は，第 1 章 12 で述べたとおり，型枠の不陸調整のほか，コンクリート表面に発生している気泡を潰すことにあります。

[補修方法]
① 樹脂モルタルしごきに先立つ作業

　在来塗料をケレンし，リシン仕上の場合は浮砂を，吹付タイルまたは，スタッコ仕上の場合は，在来塗料の凸部をケレンにより，樹脂モルタルしごきの厚さが平均 1.5 mm 程度で納まるよう削り取ります。スタッコの場合は，下地に各種の傷が隠れてい

る場合があるので注意を要します。ケレン作業は，粉塵が大量に発生するので，周囲の状況により，剥離剤の使用を検討することも必要です（ただし，在来塗料が無機質のときは，サンダーケレンになる）。

在来塗料下地にはらみのあるときは，その程度によって斫るか，カップサンダーによって削り取ります。

以上の作業が完了した後，120 kg/cm²の高圧水で外壁全面を洗滌し，埃や劣化塗膜を除去します。

コンクリート気泡に，モルタルの薄膜が被っているときは，電動ビシャンで除去した後，高圧洗滌を行います。

(注) 1) 剥離剤の使用＝剥離剤は，事前にその適性をテストしてから使用する。剥離剤を使用してケレンを行った後は，高圧洗滌により，残滓と薬品を洗い流すのが原則。
洗剤不要の剥離剤は，ケレン後の接着テストを行ってから，使用を決定する。残滓のケレンは必要。
2) 塗料のケレン＝塗膜を削り落とすこと。

② 樹脂モルタルしごき

塗装下地を斫った部分は，あらかじめ樹脂モルタル塗りとし，さらに，全面樹脂モルタルしごき塗りを行います。樹脂モルタルはカオチン系樹脂モルタルが接着力に優れています。しごき厚は，1.5～2.0 mm 程度です。

しごきモルタルが硬化したら，平滑度の検査を行い，凹部は増し塗り，凸部はペーパー掛けを行います。

以上で塗装仕上〔材料，施工法は14による〕のための下地ができ上がりますが，仕上塗装がいかに確実に施工できるか否かは，

下地しごきの精度しだいです。しごきに着手する前に，外壁の一部分を先行させて，仕上精度についてその程度をきめておくことはよい方法です。

(注) 1) 樹脂モルタルしごき＝コンクリート表面の気泡やガタを潰しながら，樹脂モルタルを1～2 mm塗ること。
2) カチオン系樹脂モルタル＝カチオン性エマルションとフィラー材を混合することにより，しごき塗り用のモルタルができる。被着体への接着力にすぐれている。

13 外壁タイル張りの補修

　外壁タイル張りの補修については，工事施工の前年に打診による調査（ゴンドラ吊り）を行うことが必要であり，これを行わないかぎり，修繕実施予算を作ることができません。
　タイルの浮きといっても，その性状により下記のように分類されます。
① タイル陶片だけ浮いているもの。
② タイル下地モルタルが浮いているもの。
③ タイルと下地モルタルの両方が浮いているもの。
④ タイルにひび割れがあり，浮いているもの。
　タイルや，下地モルタルが浮いているものは，樹脂注入により接着することができます。しかし，タイルのひび割れ幅が0.2 mm以上のものは，ひび割れから雨水が浸入するので，タイルを剥が

し，軀体コンクリートのひび割れの処置をしてから，タイルの下地こしらえをし，タイルを張り替える必要があります。張替えタイルは，在庫のある既製品は別として，新規に製作する場合は見本焼を確認して製作することになりますが，製作期間だけで最低4カ月必要です。

また，在庫品であろうと，特注品であろうと，在来品とは色調は同一になりえないのが，焼成品の宿命であり，タイルを張り替えた結果は，継ぎ接ぎになり美観が損なわれます。

したがって，外壁タイル浮きの補修に当たっては，割れたタイルは，例えば，塔屋のタイルを剝がして転用するなど，新規に製作することをやめる工夫をしたいものです。

外壁タイルの浮きは，一般に10年以上経過した頃から顕在化するのですが，その基本的原因は，タイル張りを行うに相応しい設計，ならびに施工が行われなかったことにあることを第1章⑬に述べました。したがって，仮に15年目にタイル張り面積の7％を補修したとして，さらに10年後に再び同じくらいのタイル浮きが発生する可能性があるのです。10年ごとに，タイル浮き補修を行う覚悟が必要ですが，やがていつかの時点で，タイルをやめて，他の仕上方法に変えることもありうると思います。

以上の考えから，浮きタイルの補修は，樹脂注入などの方法によることを前提として，以下に述べます。

① タイル陶片だけ浮いているもの

打診によって次のように分類します。

〔調査結果〕 〔処置方法〕

(a) 浮きが軽度で目地が健全であれば剥落しない。 → 今回手をつけない。

(b) タイル陶片の30％以上が0.3 mm以上浮いているもの。 → 打診の手応えによって判断し，(a)か(c)に分類する。

(c) タイル陶片の50％以上が0.3 mm以上浮いているもの。 → 目地に孔をあけ，エポキシ樹脂注入により接着。

(d) タイル割れ，0.2 mm以上のひび割れが発生しているもの。 → 支障の少ない部位のタイルを剥がし，張り替える（躯体コンクリートひび割れ補修後）。

(注) 1) エポキシ樹脂はマヨネーズ状のものを使用する。注入によってタイルを浮き上がらせないよう注入を2回に分けて行うことがある。樹脂硬化後打診検査。
    2) タイルを張り替えるときは，タイル張付けモルタルも除去する。したがって周囲のタイルにも浮きが広がる可能性がある。

② タイル下地モルタルが浮いているもの

目地に，コンクリート躯体3 cmに達する深さの孔をあけ，切粉清掃のうえ，エポキシ樹脂併用ピンニングを行う。モルタル浮きの具合により，2回に分けて注入することもあり，またはらみ止めのため，足場からジャッキ飼いを必要とする場合があります。なお，工事費はピンニング※1本当たりの単価をきめておき，事後精算とします。

(注) ※ピンニング＝モルタルが浮いている部分を，コンクリート躯体に緊結するため，コンクリート躯体の表面から3 cmの深さに達する孔をあけ，切粉清掃のうえ，マヨネーズ状エポキシ樹脂を注入し，全ネジSUS-304ボールト（4〜6 mm ϕ）を挟入する方法。10本/m²が標準。

③ タイルと下地モルタルの両方が浮いているもの

モルタル浮きを先行，②の方法で接着させてから，①‐(c)によりタイル浮きの補修を行います。

④ タイルにひび割れがあり，浮いているもの

前記①‐(d)によります。

⑤ 目地シール打替え

タイル目地にシールを打ってある場合，10年経過したとき，シールが劣化し，タイル裏へ雨水が浸入する状態になっている部分が多く発生するので，打替えが必要です。

しかし，旧シールを除去したとき，目地深さが6 mm以下であったり，目地こしらえがいい加減で，シールを打ち替えても信頼できない状態であるときは，外壁の大きさにもよりますが，セメント系目地材により目地埋めとします。

シールを打ち替えるときは，旧シール撤去跡に滓を残さないよう，カッター，チッパー※等で除去，入念に清掃を行ったうえで新規シール打を行うのですが，シール材の選定については，2成分型のもので，周囲の汚染のないものを選定することが肝要です。

(注) ※チッパー＝小型電動平鏨

14 外壁塗装

　鉄筋コンクリート軀体は，雨水が浸入する状態を続けるならば，一般に考えられているよりも，その寿命が短いことを冒頭に述べました。

　一方，鉄筋コンクリート造の建物には，普通，コンクリート内へ雨水や，結露水を浸入させる原因が非常に多いものであることも事実であります。

　したがって，建物を60年以上もたせるためには，コンクリート内へ水分を浸入させないように，修繕を行うことが肝要となります。

　建物の屋上のように，降雨（雪）のとき，まともに雨水を受けとめる屋根に対しては，使用実績が長く，十分信頼に足るアスファルト防水があります。

　頻度は少ないにしても，風速が15 m/secになると，外壁のような垂直面において，屋根面の2倍以上の降雨量となるといわれており，したがって，外壁も屋根と同じような考え方で，防水を考えるべきであります。

　以上の考えから，㈳北海道マンション管理組合連合会では，マンションの大規模修繕工事において，外壁には，JIS A 6021によるアクリル弾性塗料の良質なものを塗膜厚を十分に，との考えのもとに修繕工事を推進してきました。このような考え方で修繕工事を行った例は，過去14年間で37棟に達し，すでに2回目の修繕工事を行ったものもあり，期待通りの成果をあげています。

　この材料の特性を生かし，塗膜膨れなどの故障を起こさないため

には，前記 1 ～ 12 に示した，下地補修をしっかり行うことが条件であり，下地補修をいい加減にしたまま，アクリル弾性塗料塗りを行ったのでは，塗膜膨れや，漏水事故が発生するのは当然であります。

(1) アクリル弾性塗料の選定

アクリル弾性塗料には，多くの銘柄がありますが，JIS A 6021 の規格に合格するもので，且つ15年以上の使用実績を豊富にもっているものの中から選定することが大切です。

もし，塗料の選定を間違えた場合は，剥離材などによって塗膜を剥がしてからでなければ，新規塗料を施工することはできません。

また，材質と施工の内容は，10年間の保証（材料および施工に起因する漏水事故，塗膜剥離および著しい変色など）に裏づけされたものでなければなりません。

(2) アクリル弾性塗料の施工
① プライマー塗り

プライマーには溶剤タイプと，エマルションタイプ※があり，それぞれ塗膜下地に対する適応性があるので，メーカーと協議のうえ選定します。

プライマーに塗りもれがあると，その部分の主材が剥離する可能性がありますから，塗料の塗り仕舞や，目地内など塗りもれがないこと。

ウールローラーと小刷毛を使用します。

(注)　※エマルションタイプ＝乳剤タイプ

② 主材塗り

乾燥後の最低塗膜厚 1 mm とするためには，$1.2\,\mathrm{kg/m^2}\times 2$ 回は必要です。下地の状態や，塗装工の熟練度によって，使用量が増える場合があります。

1回目を吹き付けて，造膜が終了したら，2回目を吹き付け，24時間以上乾燥させてから，0.01 mm まで測定できる軟質膜厚測定器を使用して膜厚測定を行います。業者側の検査が終えたら，その結果に基づいて監理者が膜厚検査を行いますが，すべての塗装部分について，1 mm 以下の箇所がないことを確かめることが大切です。

この塗料は，膜厚がすべてに優先します。一般に，ゴムラテックスの伸びは，防水層の厚さとともに，指数関数的に向上し，膜厚が2倍になると2.5倍以上になるのであり，薄ければ，下地の繰り返し挙動に対抗できないことも起こりうるばかりでなく，耐久性能が劣ることになります。

膜厚が規定に達していないときは，その範囲を表示しておき，増し塗りをします。すべての部分について，膜厚が規定を満足する状態が確認できたら，模様つけに移ります。

(注) 1) 主材吹付用ノズル口径は，大きなものを使うと，クレータ状の肌となることがある。1 mm 以下のもので時間をかけて行う。
2) 模様つけは膜厚に算入しない。

③ 模様つけ

表面の模様を玉吹とするか，小波状とするか，その他にするかによって，使用する道具が変わります。玉吹といっても玉の大き

さ，厚さ，散らし方によって仕上がりの見え方が変わってきます。小波状仕上にしても，ローラーの目によって仕上がり味が違いますから，本番前に見本塗りで十分検討を加え，道具を選定しておくことが肝心です。

下地こしらえによって竪，横の化粧目地を埋めたときは，主材塗り完了後，在来水平化粧目地の位置にテープ（一般に 38 mm 幅）を張っておき，模様つけ材乾燥後，テープを剥がすことによって模様のない部分を作っておくと，「筆休め」になりトップコート塗りに好都合です。

④ トップコート塗り

トップコートは，美観を保持する目的のほかに，アクリルゴムを紫外線や，その他の汚染物質による劣化から保護する材料として製造されたものであり，アクリル樹脂エナメルと，アクリルウレタン樹脂エナメルの2種があります。アクリル樹脂エナメルは価格が若干安いが，耐久性が劣ります。アクリルウレタン樹脂エナメルでも，10年以上を期待するのは無理があり，したがって10年ごとに塗り替えが必要です。

塗り方で注意すべきことは，ローラーを竪に引いた後，横にも転がすこと。トップコートの使用量は 450 g/m^2 とし，2回に分けて塗装します。

⑤ 足場払い時の塗膜補修

足場を払うとき，壁繋ぎ金物の孔埋めは，一般にノンブリードタイプ1成分型ウレタンシール材で埋め，トップコート塗りとするのですが，後日変色し美観を損ねますので，前記③のパターン

こしらえのとき，1 mm厚の主材の上に模様つけをした膜を作り，壁繋ぎ孔サイズに切り抜いたものを，先行したウレタンシールの上に張り付けて，トップコートを塗るとよい仕上がりになります。

15 屋上アスファルト防水のやり替えまたは補修

マンション建築の屋上防水には，一般に，4種類の防水材料のいずれかが使用されていることを第1章14で述べました。4種類の中で，材料の選定と施工に間違いがなければ，最も耐久性がよく，価格もリーズナブルな防水は，アスファルト防水でありますので，アスファルト防水でやり替えるときの要点について，以下に述べます。

(1) パラペット立上がり防水

この部分の在来防水のやり方は，防水層がパラペット上端の途中までしか行われておらず（写真 - 49），その上に金属製笠木（アルミまたは鉄板製）がのっているのが一般です。

しかしながら，パラペットコンクリート上端は，雨水が浸入する大きさのひび割れが多く発生する部分であり，金属製笠木を被せても，これの下に雨水が浸入します。一方，この部分は，立上がり防水層裏に，雨水が浸入しやすい部分でもありますので，やり替えたときの防水層は，パラペットコンクリート上端の途中で止めることなく，上端を含め外壁にも4 cm程度被せるようにすべきです（図 - 5参照）。

写真 - 49 パラペット上端の防水層末端は，写真のように壁厚の半分位が防水層が施されていないのが一般的であるが，パラペットのコンクリートは，その環境の厳しさもあり，雨水が浸入するようなひび割れが多い部位

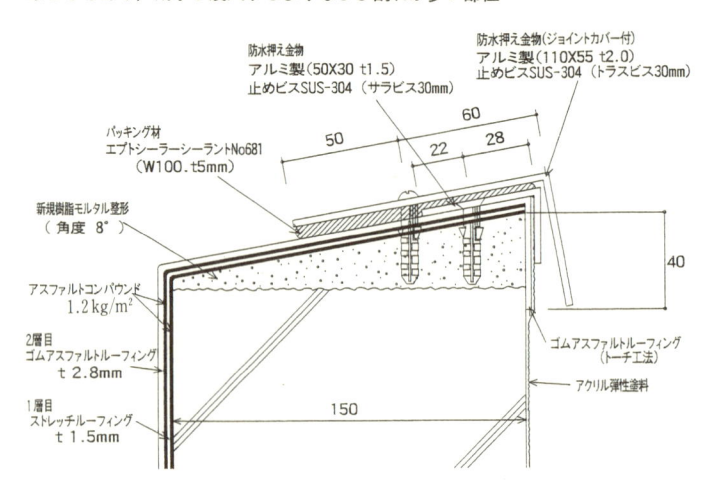

図 - 5 屋上パラペット立上がり断面図

ただし，外壁に立ち下げる防水層のルーフィングは，裏面接着可能のゴムアスファルトルーフィングを使用し，トーチ工法で接着させなければなりません。長い間の安定性を考えて，さらに角部をアルミアングル(50×30×1.5 mm)で押さえます。

この際注意すべきは，パラペット上端の下地こしらえとして，モルタルで屋根側へ勾配（水平面に対して8°）をつけ，最後に取り付けるアルミアングル(110×55×2 mm)と，アスファルト防水の間に，100×5 mmのゴムパッキング(EPDM製)を挟み込むことが外壁汚染防止上必要です（笠木に金属製のオープンジョイント笠木を使用するときは，パラペット上端に勾配をつけない）。

(2) 壁立上がり防水

この部分の在来防水において共通する問題点の第1は，図-7〔改修前〕のように壁立上がり防水層の上端と，パラペット上端の高さが同一位置となっていることで，この場合は，両者の防水層の入隅部上端から雨水が浸入する危険性があります。

したがって，壁立上がり防水の下地コンクリートを，図-7のようにカットし，整形を行ったうえで，防水層をやり直すことが肝要です。

第2の問題点は，防水層立上がり末端のコンクリート欠き込み下端が，コンクリート型枠を取り外したまま，モルタル整形がなされていないか，または，外壁塗料に模様つけが施されていることがあります。

立上がり防水施工後，アルミ，またはステンレス製の押さえ金物で防水層末端を押さえ，押さえ金物とコンクリート欠き込み部の間に，シールを打ちますが，欠き込み下端が樹脂モルタルで整形され

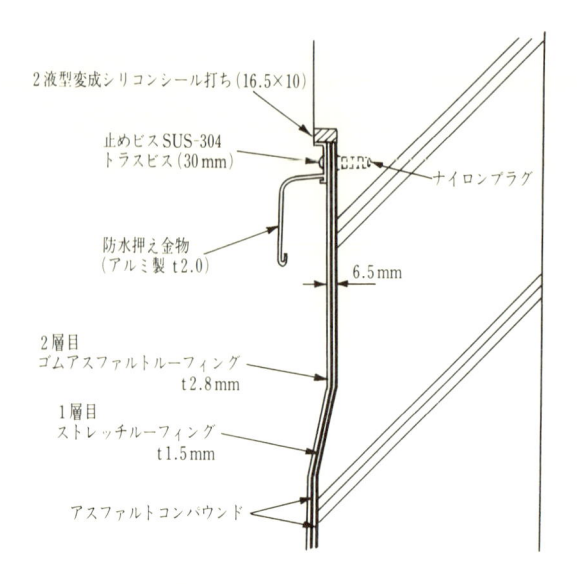

```
2液型変成シリコンシール打ち(16.5×10)
止めビス SUS-304
トラスビス(30mm)
ナイロンプラグ
防水押え金物
(アルミ製 t2.0)
6.5mm
2層目
ゴムアスファルトルーフィング
    t2.8mm
1層目
ストレッチルーフィング
    t1.5mm
アスファルトコンパウンド
```

図-6 壁立上がり防水断面図

ていなかったり，外壁塗料に模様つけが施されている場合は，シール材の接着面に隙間ができやすくなります。

　したがって，コンクリート欠き込み下端は，必ず樹脂モルタルしごきを行って平滑仕上げとし，塗装には模様つけを施さないことが肝要です（図-6参照）。

(3) 上記(1), (2)施工に共通する注意事項

　防水層の立上がり部は，防水層の中で，最も雨水が浸入しやすい箇所ですから，在来防水層をやり替えるときは，立上がりの入隅で切断して撤去し，新規防水を施工することが条件です。

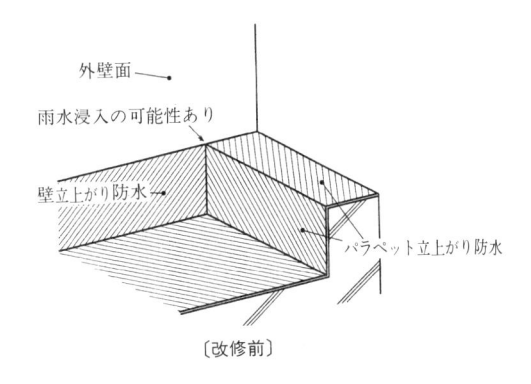

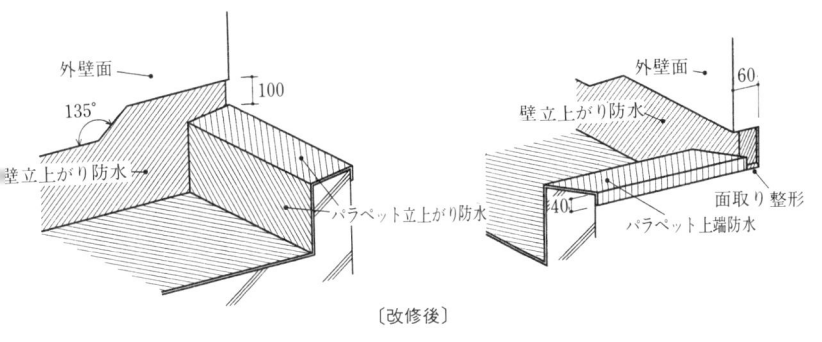

図 - 7 パラペットと壁立上がり防水層が交わる箇所の納まり図

(注) 立上がり在来防水層を撤去したとき，ひら面に雨水が浸入しないように在来防水層切断箇所に仮防水を付加しておく。在来のひら面防水は，雨水が浸入していないかぎり，15年未満でやり替えが必要な状態は稀であるが，前記(1)・(2)の立上がり防水は，外壁との取合いがあるので，外壁改修工事の際，施工せざるをえない。したがって，新規防水層は在来のひら面防水の上に，45cm程度ラップさせて立上げ施工することになる。

(4) ひら面防水

ひら面防水は，18〜20年でやり替える例が最も多いようです。防水層を構成している材料が劣化し脆化するからです。

やり替えるときは，旧防水層の膨れや皺を切開して直し，必要に応じ脱気筒を取り付け，ルーフドレンの周囲は，旧防水層を撤去して，排水金物周囲のモルタル，またはコンクリートを斫って，防水剤入りモルタルで埋直しなどを行ってから全面清掃を行い，旧防水層の上から新規防水を施工します。旧防水層の撤去費と，ひら面全面の仮防水が不要なので経済的です。

(注)　在来防水層の上から新規防水を施工するときは，新規防水層の第1層目は，アスファルトプライマーに替えて，活性シーラーを使用する。
　　　在来防水層下に雨水が浸入しているときは，旧防水層を撤去するか，雨水浸入部分を切開して乾燥させ，旧防水層を復旧して，新規防水を施工する。どちらを選択するかは浸水面積の程度によって判断する。

16 その他

すでに述べた①〜⑮までは，量の多寡は別として，どの建物にも例外なく発生する現象ですが，ある特定の建物だけに発生する劣化現状について以下に述べます。

(1) 外壁Pコン埋め

コンクリート工事の型枠緊結用セパレーター鉄筋の末端が，外壁面に近い位置に残ります。型枠を撤去した後，その周囲をモルタル

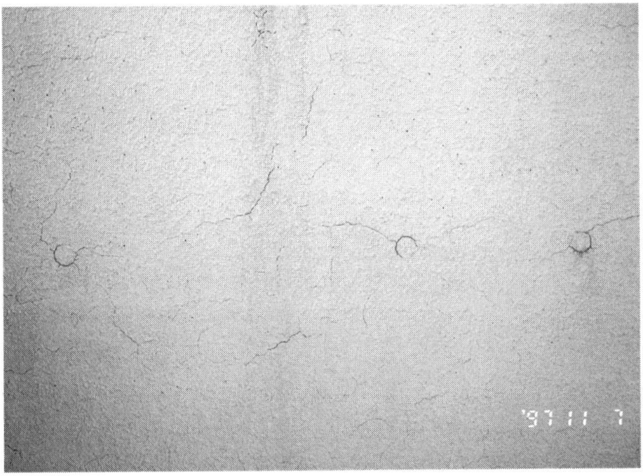

写真 - 50　Pコン埋めモルタルが浮き上がり，内部にあるセパレーター鉄筋の錆が外壁表面を汚染

で埋めるのですが，モルタルが貧調合であったり，埋め方が粗雑であると，雨水が浸入し，セパレーター鉄筋を錆させ，埋めモルタルを浮かせる結果となります。一般にセパレーターは堅横，各45〜60cm内外に1本取り付けるので，外壁全面では膨大な数になります。したがって，改修設計に先立つ調査を慎重に行わなければ大きく誤算を生じます（写真 - 50）。

[補修方法]

　浮きモルタルを撤去し，セパレーター外端の孔周囲を斫りにより広げ，セパレーター鉄筋の先端を切断し，錆落しを行い，清掃のうえ，カチオンペースト塗り，樹脂モルタルでしっかり埋めます。

(2) 死石撤去

コンクリートの砂利に，粘土分の多いものが混入していると，吸水し，膨張して剝落します。10年経過では，外壁塗料のケレンを行ったとき，砂利の表面が欠け落ちるので，その存在の有無がわかります。外壁面に近い位置にあるものは撤去しなければなりません。

［補修方法］

　死石を斫り取り，樹脂モルタルで隙間なく埋めます。

(3) 金物取付用ボールト

避雷針支持管，TV アンテナ支持管，配電盤その他外壁に取り付けられる金物の取付けボールトをはじめ，手摺柵等のボールトに発錆し，外壁を汚染しているのが一般です。鉄製ボールトはネジ山とも，溶融亜鉛鍍金（ドブ漬け）を施したものを使えばよいのですが，電気亜鉛鍍金のものは，メッキ量が少ないので比較的短期間で発錆します。

［補修方法］

　ボールトは，SUS-304製のものに取り替えます。

　アンカーボールトの場合は，新規ボールトを，在来ボールト位置の上，または下に取り付けることとなるので，あらかじめ，鉄筋探査器で鉄筋位置を調査したうえで，新規ボールトより少々大きい孔をあけ，切粉清掃のうえ，グリス状エポキシ樹脂を注入し，新規アンカーボールトを挿入します。

　エポキシ樹脂が硬化し，取付け金物を新規ボールトで固定した

後，旧ボルト部分を斫り，外壁コンクリート表面より 3 cm の位置でボルトを切断し，跡樹脂モルタルで隙間のないように埋めます。

ステンレスボルト（SUS-304）は鉄製ボルトより単価が 3.5～4 倍と高価ですが，使用数量が少ないのでボルト費総額としては案ずるほどのことではないのです。塩害のない環境では，錆汁で外壁を汚染することがない利点をこそ利用すべきであります。

⑷ **エキスパンションジョイント金物**

耐震構造上，建物をいくつかのブロックに分け，それぞれを 5～10 cm 離して，その隙間を EXP・J 金物でカバーする方式のマンションがあります。

すでに大規模改修工事を実施したマンションのうち 10 棟に，EXP・J が設けられていましたが，10 例すべての EXP・J 金物が不適格品であり，取替えを行いました。

取替えの理由は，両側のパラペット，または外壁に，EXP・J 金物が固定されているため，建物の挙動を吸収できないか，または，鉄板製であるため，板の小口が腐食し，シール材が剝離し，雨水が浸入する状態，のいずれかでした。

［補修方法］

屋根用（パラペット），壁用とも，アルミ製の EXP・J 用既成品があるので，これを使用することになりますが，在来のものを撤去した後に，必ず行うべきことは，下地のやり直しです。

屋根用の EXP・J 金物を取り付けるには，EXP・J 部分のパラ

> |重要|
> - 止水シートのジョイント部が完全につながっていること
> - タイト材の隙間がないこと

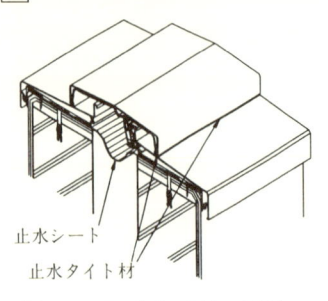

図-8 EXP.金物（屋上－屋上）　　図-9 EXP.金物（外壁－外壁）

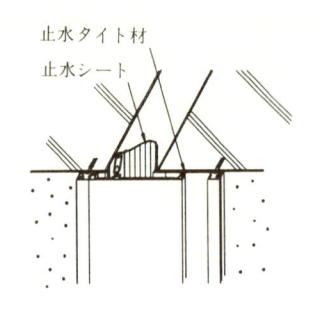

ペット高は，外周のパラペット高より50mm程度高くなっていなければなりません。またEXP・Jを取り付けるパラペットの天端は，ゴム製止水シート（樋の役目）が支障なく取り付けられるよう，平滑に仕上げられなければなりません（図-8参照）。

　壁用EXP・Jの取付け下地は，上から下まで，±1mmの精度で仕上げられている必要があります。そのためには，在来金物を撤去した後で，該当部のコンクリートを斫り，モルタルで仕上面を修正することが大切です。外壁面とEXP・J金物は，金物端に取り付けられているゴム製タイト材で接しているだけですから，外壁の仕上げ精度が悪ければ，隙間ができるのです（図-9参照）。

　屋根用も，壁用も，金物取付けに先立って，取り付けられるゴム製止水シート（樋の役目）のジョイントが，屋根用から壁用に移行する部分も含めて，確実に接着されていなければ，必ず漏水事故が発生することに注意が必要です。

17 体質改善工事費について

　表‑2（18頁参照）は，1991〜95年までの5年間に，建物の体質改善工事を行った，11棟のマンションの工事費の（設計変更，追加工事費，消費税3％を含む）1戸当たり平均負担額，ならびに延床面積㎡当たりの金額を示したものですが，この表より次のことがわかります。

1) Gマンションのように小型のものでは，1戸当たりの負担額が大きくなる。

2) E・Kマンションのように，100戸程度の規模でも，大きさによる工事費のメリットはあまり見られない。Iマンションは，1棟で道内最大級のマンションであるが，一般に見られるようなバルコニーがないので（避難専用の小バルコニーがある）工事費が少ない。

3) A・B・Cマンションは1団地内にあり，設計者，施工者とも同一である。

　　建設年によって，当初から建物に潜在した欠陥の種類と，量に差があったにもかかわらず，最も工事費が少なかった原因は，新築時の設計方針がシンプルであったことによる。

すなわち，マンション建物体質改善工事の，延床面積当たりの工事費は，小型のものを別として，第1に，必ずしも大きさでなく，新築時の設計監理の質と，施工の質に左右され，第2に，体質改善工事を行うまでの経過年数によるのであり，5,000㎡ならいくら，10,000㎡ならいくらとは簡単にいえないのです。

3．定期修繕工事

前章の体質改善工事を行うことによって、建物の資産価値を長期にわたり、維持する基本ができたとします。しかし、このままで数十年もつわけではありません。

いかなる材料であれ、耐久性能には限界があり、自然現象の中で、雨水や、大気に曝され続ける環境は、あらゆる材料にとって極めて過酷な条件であり、防水剤であれ、外部用塗料であれ、一般に考えられている以上に劣化が早いのです。

例えば、外壁用のアクリルゴム防水材についていえば、塗料の主材であるアクリルゴムを、紫外線劣化から防護する目的のトップコートは、現時点で、最も信頼性の高い2液性トップコート（アクリルウレタンエナメル。塗布量 $450 g/m^2$）でも、最長10年程度しか期待できないのです。

それゆえに、一定期間ごとに、修繕工事を行うことが必要になってくるのです。

外壁塗料トップコートの塗替周期が10年となれば、外部鉄部の塗替周期も10年でなければなりません。従来、一般に行われていた外部鉄部の塗装仕様は、錆止塗料の品質評価の欠除と、塗膜厚管理が不十分であったために、6年前後しか期待できない場合が多かったのですが、防錆力の強い錆止塗料を、塗膜厚管理のもとに塗装することによって、外部に露出する鉄製階段を除き、10年もたせることができるようになりました。

したがって、屋上防水も、20年もたせるだけの材料を使用すれば、第2回目以降に行われる定期修繕工事は、10年ごとに行えばよいわけですから、修繕工事の考え方は、単純になります。

また、第2回目以降に行われる定期修繕工事は、第1回目の体質改善工事と比べて、工事費が大幅に減少する結果、足場費は、全工

事費の 22〜25％になりますので，足場を必要とする工事は，すべてやってしまう考え方が必要です。

　足場を節約して，バルコニーの鉄製手摺を，各戸のバルコニーから塗り替える例も，稀に見ることがありますが，これでは期待に適う塗装はできません。

1 定期修繕工事の内容と修繕周期

(1) 屋根，外壁，バルコニー

　外壁の仕上材料によって，修繕工事内容が若干相違する部分があるので，A)と B)に分けて記述します。

A) 外壁がアクリルゴム防水材仕上の場合

　　〔定期修繕項目〕　　　　　　　　　　　　　　　　〔修繕周期〕
① 屋上アスファルト防水のアクリルエマルション　　　10 年ごと
　　塗料塗替え
② 屋上アスファルト防水更新　　　　　　　　　　　　20 年ごと
③ 外壁アクリルゴム防水材のトップコート　　　　　　10 年ごと
　　（アクリルウレタン）塗替え
④ 窓，出入口下枠と水切板取合部シール打替え　　　　10 年ごと
⑤ 屋上・外壁の鉄部，鉄製階段，その他鉄部塗替え　　10 年ごと
⑥ バルコニー床・幅木塗膜防水増し塗り，　　　　　　10 年ごと
　　手摺ほか清掃または塗替え
⑦ サッシほかアルミおよびステンレス部材，硝子清掃　10 年ごと
⑧ バルコニー天井塗替え　　　　　　　　　　　　　　10 年ごと

B) 外壁仕上がタイル張りの場合

〔定期修繕項目〕	〔修繕周期〕
① 屋上アスファルト防水のアクリルエマルション塗料塗替え	10年ごと
② 屋上アスファルト防水更新	20年ごと
③ 外壁タイル浮き,割れ補修 (タイル調査は修繕工事の前年に行う)	10年ごと
④ 目地および窓,出入口周囲シール打替え	10年ごと
⑤ 屋上・外壁の鉄部,鉄製階段,その他鉄部塗替え	10年ごと
⑥ バルコニー床・幅木塗膜防水増し塗り,手摺ほか清掃または塗替え	10年ごと
⑦ サッシほかアルミおよびステンレス部材,硝子清掃	10年ごと
⑧ バルコニー天井塗替え	10年ごと

(注) 外部の鉄製階段は,床面や鋼材の接合部に雨水が滞留するので,5年経過で中度以上の錆が発生するが,塗装は10年ごととする。ただし,床板は,20年目で腐食により取り替える部分が発生する。

(2) 内部床

① 在来モルタル塗り

床下地しごき材でしごきのうえ,床用ウレタン塗りとし,10年ごとに塗替え(ウレタンは,溶剤型なので,工事に当たっては吸排気仮設が必要)。周囲の納まりがよければ,ビニールタイル張りとするほうが将来とも簡便。

② ビニール床材(張替周期15〜20年ごと)

在来床仕上材撤去後,必ず下地補修材で平滑しごきのうえ,新規床材を張ります。階段のノンスリップは,在来のものを撤去し,床仕上材を張ってから,新規ノンスリップ押えとします。幅木がビニール幅木のときは張り替えます。

③ タイル張り（洗滌周期15年ごと）

タイル洗滌用の洗剤があるので，清掃業者から提案させ，必ずテスト施工を行ってから実施に移します。

(3) 内部壁・天井（15年ごと）

コンクリートの壁は，ひび割れが多く発生しますが，10年以上経って，ひび割れ幅が0.4mm未満のものは，塗装用耐水パテしごき，0.4mm以上のものは，Uカット，シール打ち，SBRモルタル整形を行い，要すれば，周囲にならいパターンこしらえのうえ，塗装仕上を行います。塗料は，溶剤の臭気を避けるため，エマルションタイプ（高級感のものあり）のものを使用します。

2 屋根，外壁，バルコニー定期修繕工事の意味

第1章において，コンクリート躯体に，雨水が浸入する状態を，長期間放置することが，建物の耐久性を損なう最大の原因であることを確認し，その状態から脱却する方法として，体質改善工事をまず行うことの重要性を指摘しました。

体質改善工事は，建物長期保全のための第一歩でありますが，どのような材料・工法であろうとも，それぞれ耐久性能があります。

したがって，体質改善工事実施後，一定期間ごとに，使用材料の耐用年限が到達するまでに，定期的に塗替え，または更新等の修繕工事を行っていくことが必要であります。

また，雨のかからない建物内部の床・壁・天井・建具等の張替え，また，塗替えなどの修繕は，美観保持による快適性，日常生活の利便性の維持が目的であり，建物の耐久性保持にはほとんどかかわりありません。よって，建物外部の修繕と比べるなら，到底比較にならないほど簡単なことで，使用材料でいえば，世間一般で長く使用されているものならば，何を使ってもよいといえます。つまり，外部工事と同列に論ずることはできません。

3 屋根，外壁，バルコニー定期修繕内容の解説

① 屋上アスファルト防水のアクリルエマルション塗装塗替え

屋上などの防水材が劣化するには，紫外線をはじめ，汚染された大気，雨水等，その原因は多くありますが，直達日射による材料の温度上昇も見逃すことはできません。従来から，これの対応策としては，シルバーペイントが使用されていますが，単価は安いけれども，耐久性に問題がありますので，アクリルエマルションタイプの塗料の明色のもので，1 m²当たり 0.7 kg を，2 回に分けて塗る方法（耐用年数 10 年）がすぐれています。

② 屋上アスファルト防水の更新

後述する屋上防水仕様の熱工法（122 頁）は，耐久性と，経済性を吟味して選定したもので，誠実に施工されるならば，20 年は期待できます。

建物が完成してから，10 年，あるいは 20 年経過したとき，周

囲の環境が大幅に変化します。したがって,熱工法によるアスファルト防水で修繕を行うことが,公害源となる可能性のあるときは,常温工法を採用すべきです。

③ 外壁アクリル弾性塗料のトップコート（アクリルウレタン）塗替え

アクリル弾性塗料の良質なもの（JIS A 6021）を使用して,最低塗膜厚 1 mm で施工されたものの,10 年経過後の伸び率の低下量は,平均で 20% 以下であることが明らかになったので,体質改善工事から 10 年目の,第 1 回定期修繕工事においては,基本的には,高圧洗滌を行ったうえで,トップコート塗りを行うだけでよく,すでにこの仕様で修繕を実施しています。

昨年度行った,第 1 回目定期修繕工事において,前回の体質改善工事を行った際,補修を行った,ひび割れ幅 0.5 mm 以上の竪型ひび割れ長さの合計 194.5 m のうち,20.75 m について,アクリル弾性塗料にひび割れ（幅 0.2 mm 未満）が発生していたので,再度,U カット,2 液型変性シリコンシール打,SBR モルタル整形を行いました。この原因は,初回工事の際,シール打のまずさから,シール材の上に被せる SBR モルタル厚 3 mm であるべきものを,シール材と,コンクリートの接点において,SBR モルタル厚が,1 mm 以下となったまま,塗装を行った箇所であり,今回は,SBR モルタル厚の確保を重点監理目標として,施工しました。

④ 窓出入口下枠と水切板取合部シール打替え

 a) 外壁仕上がアクリル弾性塗料である場合
　窓,出入口周りには,かなりの長さのシールが打たれていま

すが，下枠と水切板取合部以外のシールは，すべてアクリル弾性塗料で被覆されますので，弾性塗料が健全な間は，打ち替える必要はなく，大気中に露出されている部分だけ，10年ごとに打ち替える必要があります。

b) 外壁仕上がタイル張りの場合

この場合は，窓，出入口の三方枠，水切板上・下，両端部のすべてを，10年ごとに打ち替える必要があります。

⑤ 屋上・外壁の鉄部，鉄製階段，その他鉄部塗替え

表-5（120P）にしたがって，塗替えを行いますが，鉄製階段以外の鉄部であれば，この仕様を守るならば，10年ごとの塗替えで，差し支えありません。

ただし，10年間錆が発生しない，ということではありません。

雨曝しの鉄骨階段は，どのような仕様で塗り替えても，5年経過で中度以上の錆が発生し，20年経過したとき，床板を取り替えざるをえない部分が発生します。このような部位は，修繕を加えながら，できるだけ使ったうえで，溶融亜鉛鍍金のものに取り替えるべきでしょう。

変性エポキシ錆止は，付着性に優れ，シアナミド鉛錆止に替えて使用すべき材料と思いますが，価格が高いので，使い方を研究する必要があります。しかし，亜鉛鍍金下地には，この材料を，また海岸地帯の鉄部塗装も，この材料を下塗りに使うべきです。

⑥ バルコニー床，幅木塗膜防水増し塗り，手摺ほかの清掃または塗替え

バルコニー床，幅木に塗膜防水が施工されている場合，10年ごとに増し塗りを行うことが必要ですが，当初の防水が，ウレタン塗膜防水であるときは，トップコートだけでなく，高圧洗滌のうえで，プライマー 0.15 kg/m² ＋ウレタン主材 1.0 kg/m² ＋トップコート 0.3 kg/m² とすることが大切で，ウレタン主材に異状がなかったとしても，トップコートだけを塗ったのでは，付着力が弱いのです。

ウレタン防水剤を，バルコニー床の付根と，立上がり部分しか塗っていないものは，塗膜に，剥離部分や，膜厚不良部分がある例が多いので，まず，それらを補修してから，床，幅木の防水を行います。

在来防水剤入りモルタル塗りの上に，塗膜防水を行うときは，下地のモルタルの浮き部分を，エポキシ樹脂注入により，接着させてから防水を行うことが条件です。

床コンクリート直仕上で，ひび割れがあるとき，ひび割れ幅 0.6 mm 以上のものは，Uカット（6×6 mm），弾性エポキシ樹脂でシールを行ってから，塗膜防水を行います。ひび割れ幅 0.3 mm 以上 0.6 mm 未満のものは，Uカットシールに替えて，プライマー塗布後，防水主材を摺り込みとします。

⑦ サッシほかアルミおよびステンレス部材，硝子清掃

屋外のサッシや，窓格子等のアルミ製品の汚れは，市販の洗剤で落ちない部分のみ，アルカリ性の洗剤を，周囲に悪影響を与えないような濃度に薄めて使用し，その後は十分に清水拭をすることが肝要です。

ステンレス部材は,ステンレス用クリーナーを使用し,仕上は乾布拭とすること。水拭はしない。

⑧ バルコニー天井塗替え

バルコニーの,コンクリート床版の天井には,短辺方向に平行なひび割れが,6mの長さに対して2～3本あるのが一般です。このうちで,ひび割れ幅0.3mm以上のものは,Uカット,シール,SBRモルタル整形とし,また,0.3mm未満のものは,塗料用耐水パテしごきを行い,高圧洗滌,パターンのあるものは,在来にならい,パターンこしらえを行って,仕上塗装に入ります。

しかし,在来塗装が,リシンや,吹付タイルの場合は,埃によって汚れやすいので,できればケレン,高圧洗滌のうえ,樹脂モルタルで,平滑しごきを行ってから塗装を行いたいものです。

塗料は,外壁のトップコートと同等品を使用するのが耐久性のうえで合理的です。

表-5 外部金属塗装仕様

	施工対象	下地種別	施工仕様
Ⅰ類	(1) 屋上手摺,物干バルコニー手摺隔板鉄部,フック等	鉄部	① サンドペーパー掛け ② ケレン+清掃 ③ 変性エポキシ錆止 　2回塗り,膜厚計　80μ ④ フタル酸樹脂塗料 (JIS K-5516 2種) 　2回塗り,塗膜厚　50μ
Ⅰ類	(2) 鋼製建具,枠	化粧亜鉛鋼板	① サンドペーパー掛け ② ケレン+清掃 ③ 変性エポキシ錆止　タッチアップ　50μ ④ 変性エポキシ錆止　1回塗り,　50μ ⑤ フタル酸樹脂塗料 (JIS K-5516 2種) 　2回塗り,50μ

II 類	バルコニー排水管 塔屋外部配管類 フード	亜鉛鍍金 下地	① 床面養生 ② ケレン ③ 変性エポキシ錆止　タッチアップ　50μ ④ 変性エポキシ錆止　1回塗り，50μ ⑤ フタル酸樹脂塗料　(JIS K-5516 2種) 　　2回塗り，50μ
III 類	バルコニー隔版	石綿板	① 床面養生 ② 全面サンドペーパー掛け ③ 塩化ビニール樹脂塗料シーラー　1回 ④ 塩化ビニール樹脂塗料　2回　50μ 　　(JIS K-5582 2種)

(注)　ケレン：塗膜の劣化状態に応じて，下記の工具を使用する。

[処理方法]
1) 被塗物は，サンドペーパーを使用し，全面に当て，劣化塗膜を入念に除去する。
2) 塗膜が健全な部分についても，サンドペーパー，手工具にて，白亜化部分を除去する。
3) 塗膜の破損，また発錆部は，デスクサンダー，ワイヤーブラシにて錆を落とし，鉄肌の表面を弱い金属光沢をもつ状態にする。
4) 入隅，板小口溶接箇所等については，作業位置や，研削物の形状に，使用角度を180°替えられる，携帯用空気式，または電動式ベルトサンダーを使用する。

4 屋上防水仕様（屋根露出防水標準工法）

(1) 熱工法（密着工法）

a) ひら面
① プライマー　　　　　　　　　　　　　　　　　　　0.3 l/m²
② コンパウンドアスファルト　（4種）　　　　　　　1.2 kg/m²
③ アスファルトルーフィング　＃1,500　　　　　　27 kg/16 m
④ コンパウンドアスファルト　（4種）　　　　　　　1.2 kg/m²
⑤ ストレッチルーフィング　＃1,000　　　　　　　27 kg/16 m
⑥ コンパウンドアスファルト　（4種）　　　　　　　1.2 kg/m²
⑦ ストレッチ砂付ルーフィング　＃800　　　　　　27 kg/8 m
⑧ アクリルエマルション塗料　2回塗り　　　　　　0.7 kg/m²

(注)　在来防水層を残すときは，①プライマーに替えて，活性シーラー塗りとする(1.5 kg/m²)。

b) パラペット立上がり面，壁立上がり面
① プライマー　　　　　　　　　　　　　　　　　　　0.3 l/m²
② コンパウンドアスファルト　（4種）　　　　　　　1.2 kg/m²
③ ストレッチルーフィング　＃1,000　　　　　　　27 kg/16 m
④ コンパウンドアスファルト　（4種）　　　　　　　1.2 kg/m²
⑤ ゴムアスファルト砂付ルーフィング（片面接着）　29 kg/8 m
⑥ アクリルエマルション塗料　2回塗り　　　　　　0.7 kg/m²

(注)　立上がり面の在来防水層は，立上がり基部で切断撤去する。したがって，新規立上がり防水層は，ひら面に45 cm掛けて立上げるものとする。

(2) 常温工法（ひら面，立上がり面共）

① 改質アスファルトプライマー　　　　　　　　　　0.25 kg/m²

② 粘着改質アスファルトルーフィング密着用　　　23 kg/8 m
③ 接着トーチ併用砂付改質アスファルトルーフィング
　　　　　　　　　　　　　　　　　　　　　　42 kg/8 m

（JIS A-6013　露出単層用相当品）

5 建築設備の保全，他

(1) 電気設備

電気設備のうち，照明器具のランプ取替え，非常灯・避難誘導灯・自動火災報知装置受信機等の電池取替えは，日常小修繕とします。

①	建物周辺部照明器具	塗替え	10 年
		取替え	20 年
②	開放廊下，階段の照明器具	〃	10 年
③	配電盤・ブレーカー	〃	20 年
④	ＴＶアンテナ・パラボラアンテナ	〃	10～15 年
⑤	ＴＶ増幅器・分配器	〃	15 年

(注)　海岸地帯においては①，④は 10 年ごとに取替え見込み。

(2) 給排水，給湯，給油，ガス設備

上記設備については，使用材料，施工精度により，耐久性能に差が出る性質がありますので，以下にその理由を述べます。

① 給水管

給水管に，亜鉛鍍鉄管を使用している場合は，その施工精度，防露工事の程度にもよりますが，18～20 年経過で，取替えが必要になるのが一般です。

ただし、給水設備に、防食遅延設備を付加したものについては、管内部の腐食は、付加した時期によって、相当な延命の可能性があります。

給水管に、塩ビライニング鋼管を使用しても、継手類にコア内蔵接手を使用しなかったときは、鋼管の切断面に発生した錆が、塩ビ膜と鋼管の間に浸入し、やがて直管部の末端は、塩ビライニングの効果がないに等しい状態となりますが、給水管から出る水に含まれる錆量が少ないので、管内の腐食進行に気付かず、延命策を講ずるにも手遅れとなる可能性がありますので、なるべく早いうちに、防食遅延設備を付加することが望ましいのです。

また、管末端のネジ切り谷部の肉厚は、下表の通りであり、マンション建築で多く使用される50 A（外径60.5 mm）以下のものでは、ネジ切り谷部の肉厚は、一般部肉厚の42〜49.4％であり、直管部分の孔食による漏水を別とすれば、管のネジ切り部分こそ、最も漏水事故に近い部分であることがわかります。

表-6　給水管ネジ切り谷部肉厚

管サイズ	外 径	内 径	肉 厚	ネジ切り谷部肉厚
20 A	27.2 mm	21.6 mm	2.8 mm	1.2585 mm
25 A	34.0	27.6	3.2	1.3455
32 A	42.7	35.7	3.5	1.6260
40 A	48.6	41.6	3.5	1.6225
50 A	60.5	52.9	3.8	1.8780

そこで気をつけなければならないことは、給水管の接手部分や、水道メーター接続部分の防露材がしっかりと施工されているか否かを、メータースペースの扉を開けて確認することです。

もし、これらの部分に防露材が欠除している部分がある場合は、

外気温上昇に伴って管表面に結露が発生しますから、給水管は、内側からだけでなく外面からも腐食が進行することになります。

給水管は接手を含め、すべて、しっかり防露しなければなりません。水道メーターの部分は、発泡ポリスチレンで一体成型された防露函がありますので、これを使用すると便利です。

マンションを訪れて、メータースペースを点検しますと、防露が剝がれたまま、放置されている例が非常に多いのです。

(注) 平成元年以降に建設されたマンションでは、塩ビライニング鋼管を、給水管に使用することが、当たり前になっているが、接手に、コア内蔵接手を使用していた例を見ることができなかった。

② 排水管

排水管に、排水用塩ビ管を使用している場合は、腐食のおそれはありませんが、高温の湯を流すことは禁物です。塩ビ管の耐熱温度は60℃でありますから、これ以上の高温の湯を流しますと、管が変形し、元に戻ることはありません。

排水管が、排水用亜鉛鍍鋼管の場合は、25年経過で、取替えが必要になると考えてください。

排水管は、定期的な清掃が大切で、10年間清掃をしなかったために、直径10 cmの管が、1 cm径の孔になってしまった例があり、こうなりますと、管の清掃も大変です。清掃周期は、専用部分、共用部分とも1回/2年、竪系統ごとに清掃することが大切です。清掃は、高圧洗滌が基本です。

管内の状態は、普通では見ることができないので、内視鏡を使って確かめながら清掃する業者に発注したいものです。

排水管は、取替えのとき、専用部分については床材を剝がし、復

旧となります。したがって，工事費も意外に大きくなります。

取替えに当たっては，排水用塩ビライニング鋼管と，MD接手の組合せで，精度よく工事を行えば，50年は期待できましょう。

③ 給湯管

給湯管は，一般に専用部分ですが，共用のボイラー室から給湯される場合は，専用部，共用部にまたがることになります。

管種が亜鉛鍍鋼管の場合は，15～18年。銅管の場合は，25～30年で取替えが必要になる例が多いようです。また銅管は，早い時期に孔食や，竪割れが発生する場合があります。

管を取り替えるときは，耐熱塩ビライニング鋼管と，耐熱コア内蔵接手を使用すれば，30年の耐用年数が得られます。

④ 給油管，ガス管

土中埋設配管は，防食テープ巻とすれば，腐食は発生しないのですが，埋設部でのコンクリート貫通部では，腐食が発生するので，この部分の配管取替えは，多くの建物で行われています。その他，床下など湿度の高い部分は要注意，防食テープ巻とするべきです。

⑤ FRP製水槽

屋内設置のものは，耐久性能40年といわれていますが，パッキング等，取替えにより，さらに延びることが考えられます。

屋外設置のものは，経年劣化の結果，太陽光の影響によって，水道水中の塩素が水槽上部の空気層へ蒸発移動する結果，水槽内水道水に水性植物が発生しやすくなるといわれており，水槽外面を塗装する方法もありますが，水性植物が発生しない新製品に取り替える

ことをおすすめします。

屋内設置であっても，鉄製架台が塗装仕上であるときは，結露による腐食により，架台のほうを，先に取り替えざるをえないこともありますので，架台は溶融亜鉛鍍金 HDZ-55（550 g/m²）以上のものとすべきです。

⑥ ポンプ類

10〜12年目にオーバーホールを行い，磨耗した部品等を取り替えたとしても，次期費用は，新品を購入するより高額となります。15〜18年目には，機械自体を取り替えたほうが安心です。

⑦ 給排水設備等の定期修繕項目と修繕周期（目安）

表 - 7

材 種	在来材種	耐用年数	取替推奨管種	耐用年数
① 給水管	亜鉛鍍鋼管	18〜20年	水道用硬質塩化ビニールライニング鋼管 水道用管端防食継手	40年
② 排水管	亜鉛鍍鋼管 塩ビ管(VP)	20〜25年 ——	排水用硬質塩化ビニールライニング鋼管 排水鋼管用可とう継手 (MDジョイント)	50年
③ 給湯管	亜鉛鍍鋼管 給湯用銅管	15〜18年 25〜30年	給湯用塩化ビニールライニング鋼管 給湯用管端防食接手	30年
④ 給油管 ガス管			土中外壁貫通部取替え(10〜20年)	
⑤ 水 槽			屋 外　FRP製 屋 内（パッキング取替え）	20年 ——
⑥ ポンプ			10〜12年目にオーバーホール	15〜18年

(注) 1) 水槽の清掃は，専門業者により毎年1回行う。
　　 2) 旧式タイプの水槽では，パッキングが劣化したとき，水槽も取替えとなるものもある。

(3) エレベーター

部品取替えや，磨耗部分の修理を繰り返しても，システム全体の機能が，低下する状態になると故障が多くなります。

運転頻度にもよりますが，25～30年経過で，エレベーター機械室の制御機器を，入れ替えることが必要になります。

- 取替え機器：主電動機，制御盤，運転盤
- 費　　　用：600万円/台

(4) 各住戸玄関扉の耐震改造

地震の震動によって，出入口扉の枠が変形しますが，その程度によって，人力では扉を開けることができない状況が発生します。

このような2次災害を避ける方法としては次の2つの方法があります。

a) 出入口扉の蝶番をすべて耐震蝶番に取り替える → 層間変形角1/120まで可
b) 扉も枠も取り替える → 層間変形角1/60まで可

① 蝶番を取り替える方法

在来建具に旗蝶番が使用されているときは，すべての蝶番を耐震蝶番に取り替えることによって，層間変形角1/120の変形までは，扉を開けることができます(層間変形角1/120は，建築規準法上，特定建築物に認められている最小値)。

ただし，蝶番のビス孔ピッチが合わない場合や，ピボットヒンジを使用している場合は，扉と吊元側の竪枠を造り替えることになります。

☆改造費概算（70戸まとめて取り替える場合）

- 蝶番だけ取り替える場合（3枚吊）
  ドア1カ所当たり　　　　　10,000円
- 建具と吊元側の竪枠を造り替える場合
  ドア1カ所当たり　　　　　122,000円

② 枠と扉の両方を面付き耐震ドアに取り替える方法

在来のドアが四方を枠に囲まれた方式であるのに対し，面付き耐震ドアは，吊元側の竪枠のみ扉の側面に取り付き，他の三方枠は，扉の内面に接する方式です。また，層間変形角1/60に対応でき，地震による震動により枠が変形しても扉を開けることができます。

☆ドア取替え費概算（70戸まとめて取り替える場合）
- 在来の枠および扉を撤去して耐震ドアを取り付ける
  ドア1カ所当たり　　　　　204,000円

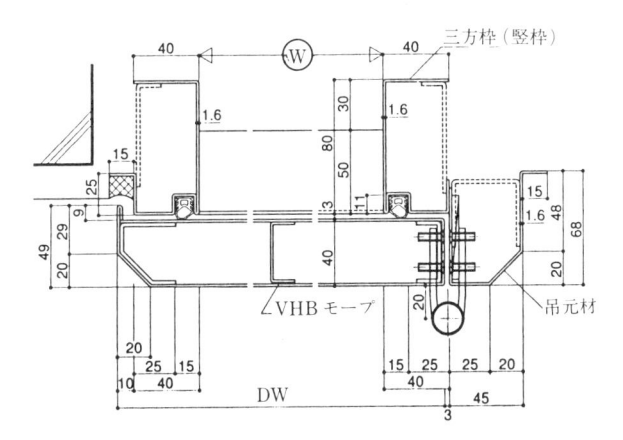

図-10　面付き耐震ドア平面図

6 定期修繕工事必要額（建物竣工時より32年間の累計より）

　図-11に，例として，鉄筋コンクリート造7階建，88戸のマンションの，建物竣工時から32年間までの定期修繕工事必要額グラフを掲げました。このマンションは，竣工後12年目に，建物を60年以上もたせるための**体質改善工事**（工事費合計 127,722 千円，消費税を含まず）を実施したものでありますが，その後20年間に必要な定期修繕工事の内容，時期，工事費（小修繕，消耗品取替えは含まず）を表にしたもので，12年目の体質改善工事費を含めると，32年目までの必要累計金額は 331,386 千円となり，建物完成時から毎月徴集すべき修繕積立金は，1戸平均 9,807 円（専用面積 m^2 当たり 110 円）となりました。さらに，これに消耗品や小修繕を考慮に入れると，1戸平均，月当たり最低 10,000 円と考えるべきでしょう。

　また，この例は，外壁仕上がアクリル系吹付タイルであったものを，体質改善工事では，これを剝がし，良質なアクリル弾性塗料（JIS A 6021，最低塗膜厚 1.0 mm）に置き替えたうえで，定期修繕を行うものであり，体質改善工事において，忠実に仕様を守って施工されるならば，それから10年後の第1回定期修繕工事の際は，外壁については，高圧洗滌で洗って，2液型のトップコートを塗装するだけでよいことが経験的にわかっています。

　次の10年目，つまり，竣工時から数えて32年経過した第2回定期修繕工事の場合には，以下のように考えるのがよいかと思われます。

　過去に施工した，アクリル弾性塗料塗装の，10年経過したとき

鉄筋コンクリート造7階建 　　（各戸1カ月当たり　　9,807円）
延8,930m²住宅88戸　　　　（専用面積m²当たり1カ月110円）

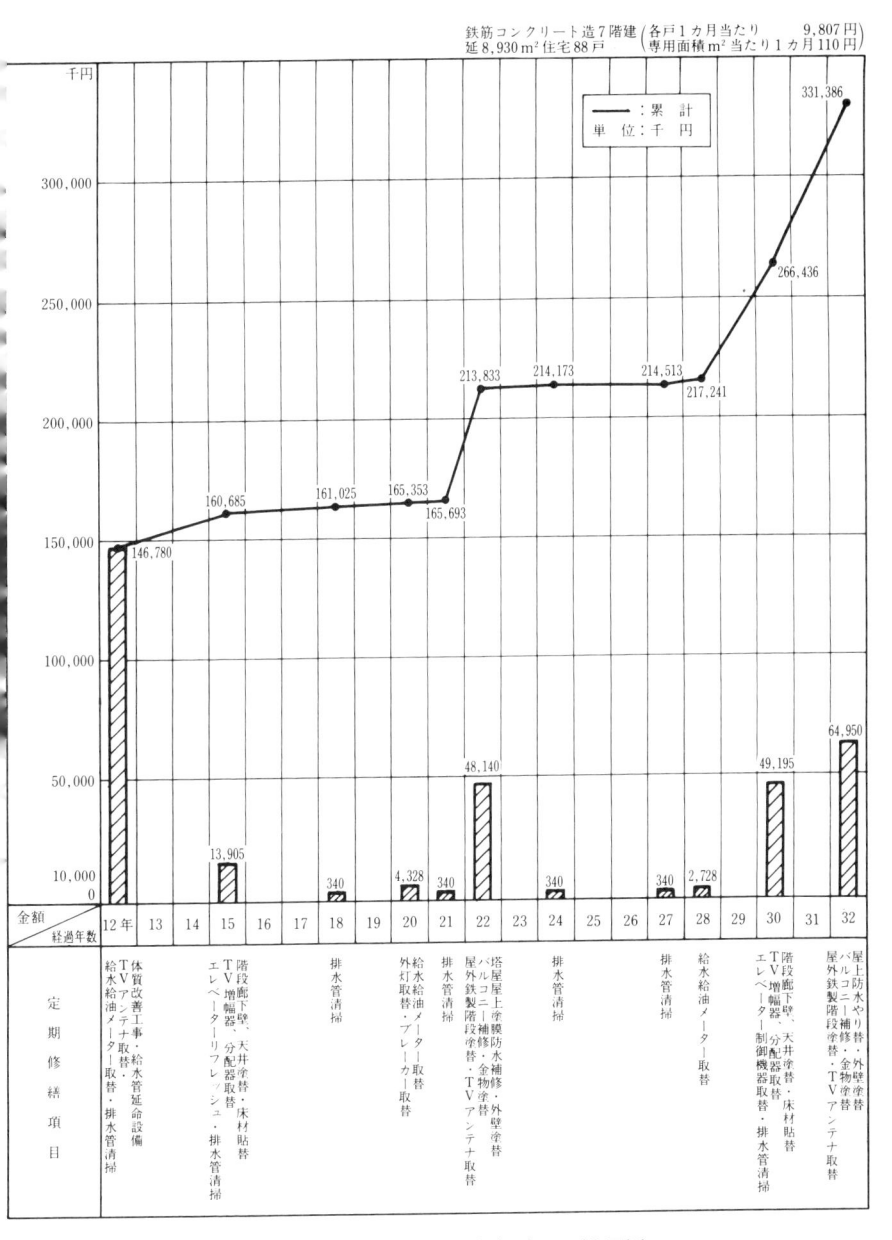

——：累計
単位：千円

経過年数	定期修繕項目
12年	体質改善工事・給水管延命設備・TVアンテナ取替・給水給油メーター取替・排水管清掃
15	階段廊下壁・天井塗替・床材貼替・TV増幅器・分配器取替・エレベーターリフレッシュ・排水管清掃
18	排水管清掃
20	外灯取替・ブレーカー取替
21	給水給油メーター取替
22	排水鉄製階段塗替・バルコニー補修・金物塗替・塔屋上学幕防水補修・外壁塗替・TVアンテナ
24	排水管清掃
27	排水管清掃
28	給水給油メーター取替
30	階段廊下壁・天井塗替・床材貼替・TV増幅器・分配器取替・エレベーター制御機器取替・排水管清掃
32	屋上防水やり替・外壁塗替・バルコニー補修・鉄製階段塗替・金物塗替・TVアンテナ取替

金額（千円）累計値：
12年 146,780
15 160,685（13,905）
18 161,025（340）
20 165,353（4,328）
21 165,693（340）
22 213,833（48,140）
24 214,173（340）
27 214,513（340）
28 217,241（2,728）
30 266,436（49,195）
32 331,386（64,950）

図-11　長期修繕計画工事必要総額グラフ（共用部）

のアクリルゴム（最低塗膜厚1mm）の伸張度の低下率が，20％以下であっても，20年経過したときは，さらに伸びが低下するものと考えられ，そのときは，トップコートだけでなく，主材であるアクリルゴムを1.2 kg/m²程度付加して，トップコート塗り仕上とすべきであり，32年目に行われる外壁塗替費は，22年目に比べて，4,330千円上乗せしています。

その後は，10年ごとにアクリルゴムを1.2 kg/m²程度付加し，トップコート塗り仕上を繰り返して，60年までもっていくという方式と（あと2回繰り返せば62年目まで保守可能。そのときのアクリルゴムの塗膜厚は1.0 mm＋0.5 mm×3回＝2.5 mmとなる），この方法では塗膜が厚くなり，仕上としてスッキリしないことが考えられるので，42年目の第3回修繕工事の際，体質改善工事時（竣工後12年目）に施工した，外壁のアクリル弾性塗料を剥がし，プライマーからもう一度やり直す方法が考えられます。

このほか，32年目から42年目の10年間には，大きな出費として考えておかなければならない工事として，12年目に給水管延命装置を設けてありましたが，給水管，排水管の更新が考えられますので，月，戸当たり平均10,000円の修繕積立金は，決して余裕のある金額とはいえません。

なお，外壁がタイル張りとなっているときは，タイルの保全費用が大きいので，月，戸当たり平均修繕積立金必要額は，最低12,000円（専用面積1 m²当たり135円）と考えるべきでしょう。

あとがき

　注文者がいない建物といわれるマンション建築は，1件ずつ，考え方も体勢も違うつくり手によって建設されます。買い手側は，建物の本当の中身を知ることなく，立地と，値段と，ある程度の格好よさなどを比較検討はするものの，その建物の耐久性能や，長期間の修繕費を含めた維持費がどのていど必要か，などの確かな情報を得る手段もないまま，購入するのが実状です。そのうえ，建物の耐久性を受け持つ，柱・梁・壁・床，などの主要構造部が，すべて共用物であり，また，建物保全についての理解が多様な権利者によって共同管理されているわけですから，マンション建築を60年以上もたせるのは，たいへんむずかしい事業です。

　北海道マンション管理組合連合会が唱導する，建物体質改善工事の実施によって，建物に60年以上の価値を認め，その基本条件を整えたマンションは，すでに39棟を数えます。これらの中には，10年ごとの定期修繕計画推進とともに，マンション生活の一層の活性化を図り，迫りくる老齢化の進行に対しても，居住者が希望を持って暮らせるようなコミュニティづくりに向けて歩むマンションも出はじめました。

　修繕工事を成功に導くについては，多くの職人や，その技術を支えるメーカーの真摯な協力なくしては，実現することはできません。

　私達のマンション修繕工事でも，左官職として塗装の下地ごしら

えに，誠心誠意尽力された保川賢治職長［㈱真生工業］，本間博志職長［共栄建匠㈱］，塗装職として全人格をあげてアクリルゴム塗装に取り組まれた新野登社長［㈲新野美建］，保科善之職長［㈲柳沢塗装］，熊添孝充職長［㈲池野塗工部］の方々がおられます。

また，外壁アクリルゴム防水塗材の使用について，技術的支援を惜しまなかった東亜合成㈱の事業部担当の方々ほか，工事を支援してくださった関係者の方々に心から敬意を表すものであります。

過去14年間，マンション建築修繕に携わってきて，自ずから想うことは，次の言葉です。

「長い間，建物を健全に守り続ける管理組合の努力というものは，結局，一つのコミュニティに暮らす多くの人々の人生に，一層のしあわせをもたらす行為である」。

2000年1月　　印藤文夫

著者略歴
印藤文夫（いんどう　ふみお）

昭和20年　横浜工業専門学校建築学科卒業
昭和38年　(株)山下寿郎設計事務所　札幌事務所長
昭和42年　(株)日本設計事務所設立に参加　札幌支社長
昭和44年　同　社　取締役 札幌支社長
昭和49年　同　社　取締役 技術担当
昭和50年　同　社　取締役 第一建築設計部長
昭和51年　札幌市にて一級建築士事務所を開設
一級建築士
(社)北海道マンション管理組合連合会　技術顧問

これだけは知っておきたい
マンションの劣化・修繕の知識

2000年2月10日　第1刷発行Ⓒ
2010年5月20日　第6刷発行

著　者　　印　藤　文　夫
発行者　　鹿　島　光　一

発行所　　104-0028 東京都中央区　　鹿　島　出　版　会
　　　　　八重洲2丁目5番14号
　　　　　Tel 03(6202)5200　　振替00160-2-180883
無断転載を禁じます。

落丁・乱丁本はお取替えいたします。　　　　奥村印刷・牧製本

ISBN 4-306-01137-2　C3052　　Printed in Japan